スピリチュアルソリューション

Spiritual Solutions

人生の困難を乗り越えるための解答集

ディーパック・チョプラ 著
木原禎子 訳

たま出版

Published in the United States by Harmony Books,
an imprint of the Crown Publishing Group,
a division of Random House, Inc., New York.
Japanese translation rights arranged with
Crown Archetype, an imprint of the Crown Publishing Group,
A division of Random House, Inc. through Japan UNI Agency, Inc., Tokyo

悩みから解放されたいと願う人、
そして悩める人の手助けをしたいと願っている人に――。

謝辞

私が自分の本を出版しはじめる以前は、手に取ったすべての本は、謝辞からまず目を通していました。その本がどのような目に見えないつながりで出来上がったのか、興味があったからです。本を書く歳月が増すにつれて、そういった多くのつながりの意味をより理解できるようになったと思います。

種《たね》のようなわずかな可能性しかなかったこの本を、出版という現実にまで成長させてくださった編集や広報のスタッフの方々に感謝の気持ちを捧げたいと思います。ジュリア・パストーレ、ティナ・コンスタブル、タラ・ギルブライド諸氏には、特にお世話になりました。マヤ・マブジー、キラ・ウォールトンのお二人にも同じように感謝いたします。

また、キャロライン、フェリシア、トーリの日々の助力と心からの支えなしにはこの仕事はできませんでした。そして、いつも目に見えないところで私の心を支えてくれていたのは私の家族です。すべてに感謝を——。

はじめに

四十年前に医者になってからずっと、私は、患者さんにさまざまな答えを求められてきました。その答えは医学的な処置として求められることが多かったわけですが、そのとき、人と人とのふれあいがもたらす安心や慰めは、科学的な医療以上にずっと価値のあるものでした。もし、疲れを知らない、あふれる熱意を持った医者が私の立場にいたとしたら、自分のことを、危険な状態にさらされた被害者を安全で健康な状態に連れ戻す、有能なヒーローだと思ったことでしょう。

患者を診察してきた歳月は、私にとってかけがえのないものです。自分のアドバイスと実際の問題解決とのあいだに横たわる大きな違いを知ることができたからです。困難な状態にある人々が、たんなるアドバイスによって救われることはほとんどありません。

目の前に迫る問題は私たちを待ってくれません。正しい対処法を見つけることができなければ、問題を解決することができないまま、事態は悪いほうへと転がってしまいかねません。

この本を執筆しているとき、私は、悩みを抱えた人々と同じ目線でいるようにつねに心がけていました。心に悩みを抱え、回答を求めて手紙を書いてきた人々とともに、この本がはじまったからです。

手紙は世界中から送られてきました。インド、アメリカ、その他多くの国々から、主にインターネットを通して毎日のように送られてくる質問に、私は答え続けてきました。おそらく私に回答を求めた人たちは、みんな心の同じ場所から手紙を書いていたのでしょう。そして、その場所は混乱と暗闇で押しつぶされていたのです。

人々は、傷つき、裏切られ、虐待され、誤解され、病気になり、心配ごとに悩まされ、不安で、ときには絶望に支配されています。悲しいことですが、このような心の状態は、ある人々にとってほぼ永久的に存在するものです。そしてこれは、今現在、幸福で満足な生活を送っている人々にとっても、つねに起こり得ることなのです、なんの前触れもなく、突然に。

私はこれまで、変化が起こり、危機に陥り、困難に立ち向かわなければならないそのときに役立つように、充実した不朽の解答集をつくりたいと思っていました。そのときがやってきたと感じたら、すぐ手にとれるような――。私はそれを「スピリチュアルソリューション」と名づけました。ただし、スピリチュアルソリューションといっても、それは宗教的な解決でも、祈りでも、神に身をゆだねることでもありません。宗教に関係のないスピリチュアリティだと考えていただいて結構です。

この方法こそが、現代に生きる人々が再び自分自身の魂と結びつくための、また、あらゆる宗教的なとらわれから「本当の自己」を解き放つための唯一の方法です。

今あなたが抱えている問題は、どのようにしてもたらされたのでしょうか。どんな状況であれ、あなた自身がそれを引き寄せ、気持ちのなかに取り込み、不安を感じているのです。

こうした「閉じられた意識」の状態は、解決を探り出そうとするあなたの大敵です。問題に対する真の解決は、「開《ひら》かれた意識」のなかからもたらされます。「開かれた意識」へ移行すると、心に浮かぶ感情は、もはや苦しくも恐ろしくもありません。境界はなくなり、新しい考えは成長するための場所を手に入れます。

あなたが本当の自己とつながることができれば、意識に境界はなくなります。そこから解決法は自然にあらわれ、なにもかもうまくいくようになるでしょう。まるで魔法のように、頑として動かせないと思われていたような障害物さえも消し去るのです。そうなれば、不安と悲しみの重荷は完全に取り除かれます。人生とは、けっして苦闘を意味するものではありません。それは、「純粋無《む》垢《く》な意識」の源から開かれていくものなのです。

この本が、あなたにたったひとつでも心に残るものを与えることができますように。それこそが私の望みです。

スピリチュアルソリューション◇目次

第一章　スピリチュアルソリューション

誰もが認めるように、人生にはさまざまな難題がやってきます。しかし、そこでちょっと立ち止まって、なぜそうなのかをもっと深く考えてみましょう。人生とは、なぜそんなに大変なのでしょうか。あなたがどんなに恵まれた状態で生まれていても――お金持ちである、優れた知性がある、魅力的な個性の持ち主である、陽気な性格である、社会的にコネクションを持っている、など――としても、それらのどれひとつとして、人生を楽に生きるための魔法のカギを与えてはくれません。

どうしたわけか、人生には次々に難しい問題があらわれ、苦しい悩みやもめごとの原因となってしまいます。そして、それにうまく対処できるかどうかで、成功を約束された人生になるか、失敗という脅威におびえつづける人生になるかがはっきりと分かれることになります。

こうした困難には理由があるのでしょうか。それとも、人生とはたんに、私たちを不安定な状態につきおとすだけの、手の施しようもない出来事が脈絡なく繰り返されるだけのものなのでしょうか。

スピリチュアリティには、そういった疑問に対するはっきりした答えがあります。人生はでたらめなものではなく、あらゆる存在は、秩序だった規律と果たすべき目的を内に秘めています。人生に困難が起こる理由は、じつに単純なことです。あなたの内面にある本来の生きる目的について、より深く気づくためなのです。

そしてこのスピリチュアルな答えが真実なら、あらゆる問題に対して、その解決法である「スピリチュアルソリューション」が存在するはずです。そして、それは実際に存在しています。

往々にして、解答は問題と同レベルのところにはありません。それにもかかわらず、多くの人は問題のレベルだけにすべてのエネルギーを集中させてしまいがちです。スピリチュアルソリューションとは、それを超えたレベルにあるものです。

あなたがいま葛藤している、その外側に意識を向けることができれば、同時に二つのことが起こるでしょう。あなたの意識が広がり、それとともに新しい答えがあらわれます。

拡大され、開かれた意識を持ったとき、これまででたらめに見えていた事柄も実際にはでたらめではなく、より大きな目的があなたを通して明らかになろうとしているのがわかるでしょう。その目的がなんなのかに気づいたとき（目的は、個人ごとに特有のものです）、あなたはまるで青写真を手にした建築家のように、でたらめにレンガを積んだりパイプをつないだりするかわりに、建物をどのようにすべきか、それをどのように建てるかを知り、自信を持って進むことができるようになるのです。

そのための第一歩は、今現在、あなたがどんなレベルの意識で動いているかを認識することからはじまります。あなたの人生になにか問題があらわれたとき、たとえその問題がなんであっても――人間関係、仕事、自分の転換期、実際に行動を起こさなければならないような緊急事態であったとしても、そのときの意識は必ず三つのレベルに分類できます。三つの意識レベルに気づくことです。それこそが、よりよい解決を見つけるための大きな一歩になるでしょう。

レベル1　閉じられた意識

ここは問題の存在しているレベルでもあります。そのため、このレベルにいるあなたの注意力は、起こった問題にすぐにとらわれてしまいます。問題は解決せず、期待は裏切られ、どうあっても動かないような障害と対峙《たいじ》することになります。あらゆることに抵抗力が強くなりはしても、状況がよくなることはないでしょう。

問題の状態をよく観察してみてください。おおよそ次のような要素が見つかるはずです。

・願いが妨害にあってかなえられない。あなたの望みは反対にあっている。
・前へ進もうとするあらゆるステップが闘いであるように感じる。
・そもそもからして、なんの効果もないことをやり続けている。
・心に不安が巣食っていて、失敗に対する恐れがぬぐえない。
・心がはっきりしていない。混乱し、内面で葛藤している。

・欲求不満が増えていき、それとともにエネルギーがどんどん消耗されてしまう。疲れ切ってしまったと感じている。

あなたが「閉じられた意識」のレベルに留まっているかどうかは、シンプルなはっきりとした事象であらわされます。つまり、その状態にいるかぎり、あなたが問題から解放されようと努力すればするほど、問題にとらわれ、抜け出せなくなってしまうということです。

レベル2　開《ひら》かれた意識

解決法があらわれはじめるレベルです。あなたの視野は心の葛藤を越えて広がり、さらにクリアになっていくでしょう。ただし、大部分の人々にとって、この意識レベルをすぐに手に入れるのは難しいことです。なぜなら、困難に対する人々の最初の反応は、制約されたものになってしまうからです。そうすると保身的になり、用心深くなり、怯えるようになります。

しかし、もし自分自身を拡げていくことができれば、次のような要素があなたの意識に入ってくるのがわかるでしょう。

・努力する必要がなくなっていく。
・こだわりを捨てるようになる。
・より多くの人があなたとつながりをもち、より多くのものを人に与えるようになる。
・自信をもって意思決定できる。
・恐れに対して現実的に対処することで、恐れがなくなっていく。
・よりクリアなビジョンをもち、混乱や葛藤を感じなくなる。

もはや行き詰まりを感じなくなったときこそ、この意識レベルに到達したときといえます。解決の道筋が開けてきたのです。意識の広がりにともなって、目に見えない力があなたを助けにやってきます。こうなれば、自分の人生を望むとおりに進んでいけるようになるでしょう。

レベル3　純粋無垢な意識

問題が存在しないレベルです。あらゆる難題が、あなたの創造力を刺激するチャンスへと変化します。自然の力と完全に一つになったことを感じられるでしょう。制約なしに広がっていく意識がこれを可能にします。

この純粋無垢な意識の状態に達するために、スピリチュアルについての長い修行が必要だとあなたは思うかもしれません。しかし事実はまったく逆です。あらゆる瞬間に、純粋無垢な意識はあなたとつながっており、創造力を刺激し続けます。

大切なのは、与えられる答えに対し、あなたがどのように心を開くかです。あなたの心が完全に開いているときには、次のような要素があらわれているでしょう。

・葛藤が存在しない。
・願望は自然に達成される。
・自分が次に求めることは、起こる可能性のあるうちの最良のことであり、自分自身とそのまわりに利益をもたらす。
・世界が、自分の内面で起こっていることを反映していく。
・完全な安心感を得て、この宇宙でくつろいでいられる。
・自分自身と世界を、深い思いやりと調和の心で見ている。

完全に純粋無垢な意識を確立することは、いわゆる悟りの状態であり、存在するすべてのものと一つになる状態です。究極的には、あらゆる生命がその方向に向かって動いているのです。たとえこの最終目標に到達できなくても、あなたが平穏で自由な心を持ち、本当の自分自身を感じられるなら、純粋無垢な意識とつながっているとわかるでしょう。

これら三つの意識レベルは、それぞれ独自の体験をもたらします。レベルの変化は、それにつれて自分の人生が劇的に変わるので容易にわかります。

たとえば、一目ぼれがそうです。なんの予告もなしに、「閉じられた意識」から「開かれた意識」へと人を変化させてしまいます。相手との関係を普通のつきあいからはじめる代わりに、前ぶれもなくとてつもない好意を抱き、はじめて出会った人のことを完璧な人間だとさえ思ってしまうのです。

また、クリエイティブな仕事には、「アハ体験」と呼ばれるものがあります。閉塞した想像力との格闘のかわりに、新鮮でまったく新しい答えが突然心にもたらされる瞬間です。このような突然のひらめきが存在することを、誰も疑わないでしょう。

こうした体験は、いわゆる「至高体験」と同じく、人生を劇的に変えます。その瞬間、世界に光があふれ、天から突然に啓示が下されたと感じるのです。

「開かれた意識」の状態こそが、私たちにとってごく普通のものであり、けっして特別な状態ではないということを、多くの人はわかっていません。つねにそうした意識でいられるようにすることこそ、スピリチュアルな生活にとって最も重要なのです。

トラブルやなんらかの障害、失敗や挫折などで苦しんでいる人の話を聞いていると、その人たちはたいてい、「閉じられた意識」にとらわれていて、そうした人たちにとって新しいビジョンを得ることがいかに重要であるかがわかります。

特定の問題だけを考えていると、意識は簡単にそこに縛られてしまいますし、それぞれの難題に直面するのはあまりにも困難で、自分にはなにもできないと思ってしまうことでしょう。しかし、あなたがどんなに自分の状況を厳しいと感じようとも、どんな特殊な問題があったとしても、まわりを見渡せば、同じようにただ自分たちの状況にとらわれているだけの人々の存在に気づくはずです。表面に見える細かなことは、すべて取り払ってください。その後に残ったものがすべての苦悩の原因です。

すなわち、意識の欠乏、これがすべての原因なのです。ただし、この「欠乏」が当人のせいであるというわけではありません。自分の意識をどうやって広げるかについて教えられていなければ、閉じられた意識のままでいるよりほかないからです。

肉体的な痛みに直面したときに体が縮み上がるのと同じように、心もまた、痛みに直面すると反射的に竦《すく》んでしまいます。突然もたらされるこうした心の落差は、心を縛りつけ、押さえ込むことになります。

では、次のような状況にある自分自身を想像してみましょう。

・あなたは若い母親で、自分の子供を遊び場に連れてきた。ほんの一瞬、別のお母さんとおしゃべりをして振り向くと、あなたの子供がいなくなっていた。
・あなたが職場でPCを前に仕事をしていると、誰かが何気なく「リストラがあるらしいよ」と話し、「ところで、ボスが君に会いたがっているよ」と続けた。
・郵便ポストを開けると、国税庁からの手紙が入っていた。
・車を運転し、交差点に近づいたとき、後ろにいた車が突然あなたの車を追い越し、赤信号を無視して走りぬけようとした。
・レストランで、あなたのパートナーが魅力的な別の相手といるのを見つけてしまった。二人はお互いに肩を寄せ合い、親しげにひそひそ話をしている。

これらの状況が引き起こす意識の急変を感じるのに、たいした想像力はいらないでしょう。パニック、不安、怒り、心配などが、心にどっと押し寄せてきますね。これらの感情は、脳の状態が変化した結果です。ストレス反応として知られる一連の肉体的な動きによってアドレナリンの放出が促され、生きることを司る脳底部が、思考などに関連した高次脳よりも優位に立つのです。

どのような感情も、心と身体の両方に関係しています。脳は、一千億ものニューロンに流れる電気信号の無限の組み合わせを利用して、心が経験していることを正確にあらわします。脳科学者は、そういった変化を生み出す脳の部分について、どんどん正確さを向上させながら、その位置を特定しています。しかし、それらのあらゆる変化を引き起こす精神上の現象は、ＭＲＩで見ることができません。なぜなら、心は「意識」という目に見えないレベルで機能しているからです。

このことについて、もう少し詳しく探ってみましょう。

スピリチュアリティは、あなたの「意識」の状態を扱います。それは、医学や精神・心理療法とは異なります。医学は、肉体の変化について具体的に扱うものですし、精神・心理療法は、不安やうつ状態、そのほか表出している精神疾患のような、具体的なメンタルの問題を扱います。

これらと違い、スピリチュアリティは意識に直接向き合うものです。すなわち、より高い意識状態を得ることを目的としているのです。ただし、これは社会において、問題を解決する方法として現実的ではないと考えられています。

困難な状態にある人々は、恐れ、怒り、情緒不安定、日々の苦悩などの渦巻く混乱のなかでも、できる限り最善を尽くして問題に対処しています。ですが、そんな状況にあっても、「スピリチュアル」と「解決」という二つの言葉を一つにつなげることに気づけないのです。これは、スピリチュアリティが実際にどういうもので、なにができるかを考えさえしないという、固定化された見かたを示しています。

もしスピリチュアリティがあなたの意識のレベルを変えることができれば、これほど実用的なことはありません。

意識は受け身なものではありません。意識は行動（または意識的に行動しないこと）に直結します。問題をどのように意識し、とらえるか、そのことが、問題をどのように解決しようとするかという行動に密接に関わっているのです。

仮に、私たちが、なにかの課題を達成することを求められているグループにいるとしましょう。議論がはじまると、それぞれが自分の意識に基づいてさまざまな表現を試みるでしょう。ある人はその場を支配するために注目を集めようとし、ある人は前に出るのをためらい、黙っています。用心深く悲観的な意見がある一方で、その正反対の意見もあるでしょう。結局のところ、そうしたふるまいや物事への姿勢、感情、果たす役割といったものは、すべて意識を下敷きにしているのです。

あらゆる状況が、あなたの意識を広げる助けになります。「広げる」と言いましたが、これは意識が風船のように膨らむという意味ではありません。そうではなく、いままでとはまったく違った領域へと一気に押し上げるということです。
ある状況におちいったとき、あなたは次のように意識します。

・認識する
・思い込む
・決め付ける
・予断をもつ
・感情的になる

一度こういった要素を変化させれば、その変化がほんのわずかなものであっても、意識に転換が起こります。解決への第一歩として、問題を生み出している要素がなにかを突き止めるまで、問題を分析することが大切です。

認識すること

あらゆる状況は、その人ごとに違って見えます。私が大惨事だと思う状況を、あなたはチャンスだと思うかもしれません。あなたが損失だと思う状態を、私は重荷を下ろして楽になったと考えるかもしれません。認識とは固定されたものではなく、非常に個人的なものです。そのため、意識に取り組むためのカギとなるのは、「物事がどう見えるか」ではなく、「その物事が自分にとってどう見えるか」ということです。

知覚に問いかけることで、あなたと問題とのあいだに距離を持たせることができ、その距離が客観性を導きます。とはいえ、完全な客観性など存在しません。私たちは、誰もが色メガネを通して世界を見ています。そして、あなたが現実に対する見かたを誤るのは、色メガネで見た色を本物の色だと考え違いしているからです。

思い込むこと

思い込みはふつう隠されているために、受け身的な役割のものだと思われてしまいがちです。人種にも、宗教にも、政治にも、またある個人に対しても偏見を持っていないと主張する人が、その一方で偏見に満ちた行動をすることを誰もが知っています。あなたの思い込みを押さえつけて外に見せないようにするのは簡単でも、その思い込みを自分で認識するのは容易ではありません。心理学者が「中核となる信念」と呼んでいるこの思い込みをあなた自身で見つけるのは、とても難しいでしょう。

たとえば、少し昔には、男性は女性より優れているという一辺倒な思い込みがありました。それは議論されることもなく、疑われることもありませんでした。しかし、女性たちが参政権を要求し、それが女性解放運動として広く知られるようになると、男性たちは今まで意識することもなかった思い込みを眼前に突きつけられたのです。いったいどのような反応が返ってきたでしょうか。結果は、彼らの持っていた思い込みが、彼らのアイデンティティを形成する一部だったため、男性たちはまるで個人的に攻撃されたかのように感じたのです。

「これが私である」ということと、「これが私の信じるものである」ということは、心のなかで非常に密接に結びついています。ある問題に対して、それを個人的にとらえすぎ、自分を守ろうと頑《かたく》なになったり、過分に怒ったり、やみくもに強がってしまうのは、あなた自身の持っている思い込みが作用しているからなのです。

決め付けること

決め付けは状況によって変化するので、思い込みより柔軟性があります。しかし、決め付けについては、まだあまり研究されていません。

ここで、もしパトカーがあなたに道の端に寄るように合図したら、と想像してみてください。あなたは自分がなにか間違ったことをしたのではないかと思い、自分をどのように守ろうかと考えるのではありませんか。警官がなにかいいことを言ってくれるかもしれないと考えるのは難しいでしょう。決め付けはこのように作用します。

決め付けは、漠然とした不安を埋めるために心に押し寄せるものです。社会的なつきあいのなかで人と出会うとき、心になんの決め付けもないまま会うことは皆無だといっていいでしょう。友達と夕食をともにするときに予想する時間のすごしかたと、初対面の相手とのデートで予想するすごしかたとは異なるでしょう。思い込みと同じように、たとえある人の決め付けに異議をとなえたところで、それによる変化は一時的なものにすぎません。そして、物事に対する決め付けはつねに変化しているにもかかわらず、この決め付けを変えなければならないと言われることを、私たちは容易に受け入れられないのです。

予断をもつこと

あなたがあらかじめこうだと予期すること、つまり予断をもつことは、願望や恐れに関連づけられています。

ポジティブな予断は、相手になにかを望み、あわよくばそれを受け取ろうとする欲望に支配されています。愛する人には、愛され、大事にされることを期待しますし、こなした仕事に対してはきちんと報酬が支払われることを期待します。

ネガティブな予断は、最悪のシナリオを予想するときのように、恐れによって支配されています。

失敗する可能性があれば必ず失敗するというマーフィーの法則は、その好例です。

願望や恐れは心の表面近くにあるため、予断は思い込みや決め付けよりも、もっと活発に働きます。上司を信頼していることと給料がカットされることは、本来は全く別の問題なのですが、予断を裏切られることによって、その人の生き方は大きな困難に直面することになるのです。

感情的になること

私たちが自分の感情を偽ろうとすればするほど、私たちの感情は表面にあらわれます。それゆえ、顔を合わせたとたんに、相手の気持ちを感じとって察することができるのです。また、だからこそ、私たちは持ちたくない感情や、恥ずかしさや、否定的に考える気持ちと戦うために多くの時間を費やします。大部分の人々はこうしたやっかいな感情をただ嫌がるだけでしょう。自分たちが、無防備で傷つきやすい状態にされたと感じるからです。感情的であることが、コントロール不能な状態と同じだと思われており、それは望ましくないことだと考えられています。

自分の感情に気づくことはより大きな気づきへの第一歩ですが、さらに難しい次のステップは、その感情を受け入れることです。それを受け入れ、その責任を受け止めるのです。誰かのせいにするのではなく、自身の感情を自分のものと認めることができるのは、あなたの意識が「閉じられた意識」から「開かれた意識」へと変化しているしるしです。

以上、自分の意識の状態を調べていくと、かならずこの五つの要素が明らかになるはずです。本当の自己に気づいている人物がいたとしましょう。あなたは、彼が「どのように感じているか」「決め付けているものはなにか」「あなたになにを期待しているか」「彼の思い込みがなにに影響を受けたものなのか」という疑問を直接尋ねることができます。彼はその問いに対してなんの壁もつくらず、真実を話してくれるでしょう。それはとても健全なことです。なのに、なぜそれがスピリチュアルなことだとされてしまうのでしょうか。

自己認識は、祈りとも、奇跡を信じることとも、また神の恩寵を求めることとも異なります。私が今まで述べてきたビジョンはスピリチュアルなものですが、それは、そのビジョンが三番目の意識レベル、私が「純粋無垢な意識」と名付けたものに関連するからです。

純粋無垢な意識は、敬虔な信者が魂や精神として知っているレベルのものです。自分の生活を、魂の本質を基礎にして築こうとするとき、あなたはスピリチュアルな信念を持つようになるでしょう。あなたがさらに進歩し、存在の基盤そのもの、生命の根源である魂のレベルに達すると、スピリチュアリティが実際の行動指針となり、魂が覚醒します。といっても、実際には魂が眠ることはけっしてありません。純粋無垢な意識がつねにあらゆる思考、感情、行動を注ぎ続けているからです。

私たちは、こうした事実を自分自身の目から隠してしまうようです。閉じられた意識の発露の一つは「より高い次元の」現実を、完全に否定することです。そうした態度は、けっして故意に盲目であろうとするからではなく、たんに経験の不足によるものです。恐れ、心配、怒り、敵意、その他さまざまな苦しみによってふさがれた心は、開かれた意識を経験することはできないし、ましてや純粋無垢な意識を経験することもできません。

もし心が機械のように働くのなら、苦しみの状態から抜け出ることはできないでしょう。摩擦によってすり減ってしまった歯車のように、私たちの思考は、苦しみに完全に負けてしまうその日まで、どんどん悪い方向に向かうでしょう。本当に多くの人が、人生とはそのようなものだと感じています。でも、解決する可能性が完全になくなることはけっしてありません。変化と変容は、私たちの生まれながらの権利であり、神や信仰、救済によってではなく、純粋無垢な意識である生命の不滅の原理によって保証されています。

生きるとは、休みなく続く変化に遅れずについていくことです。突き放され途方にくれているときでも、私たちの細胞はたえまなく働き、生命の基礎となる物質を処理し続けています。気力が湧かず、鬱々《うつうつ》とした精神状態は、それだけで人生が止まってしまったかのように感じさせるものです。突然の喪失体験や失敗も、同じようにあなたを蝕《むしば》みます。しかし、そのショックがどんなに深刻だとしても、立ちはだかる障害がどんなに強固なものであっても、存在の基盤は脅かされることはなく、傷つけられることもないのです。

この本の後半では、人生の問題に対して解決策を見出せず、行き詰まり、呆然《ぼうぜん》とし、失望し、挫折を感じている人々の実例が出てきます。彼らの物語は、彼らの立場からすると、特別な、当人自身しか起こりえないもののように感じられるでしょうが、よく見ると、問題への対処法はすべてが普遍的なものであることがわかります。

まず、意識の状態から調べてみましょう。話の内容は、彼ら自身の意識の状態をあらわしています。問題を進展させようとしない人には、どうやって進展させるかを教えなければなりません。この本で提供される解決法が、スピリチュアルなものであるもう一つの理由がそこにあります。まずは、よく見ること、目覚めること、新しい感覚を素直に受け入れることが必要です。解決にいたるための最も実用的な方法は、スピリチュアルであることです。なぜなら、人が変えられるのは物の見かただけだからです。あなたの目がふさがれていることがもっともよくないのです。

私たちは今、非宗教的な時代を生きています。そのため、私が述べるような人生についての見かたは、標準的な考えとはかけ離れています。実際には、ほぼ正反対だといってもいいでしょう。それは、誰もが、ビルの建設には青写真がなくてはならないとわかっているにもかかわらず、人生についてはそうでないと思い込んでいるからです。人生は、私たちが懸命にコントロールしようとしてもどうにもならないものだと考えられています。

どんな人物が、財産を差し押さえられたり、職を失うのでしょうか。どんな家族が、事故や薬物中毒、離婚などの問題に悩まされるのでしょうか。表面的には、これらの出来事に論理的な根拠はまったくないように見えます。にもかかわらず、こういった事件は起こっているのです。

こうした様々な問題は、たんなる偶然でしかなく、勝手に起こるものだと思われています。さらに、めいめいがその考えを受け入れることで、自分たちの閉じられた意識を正当化し、根深いものにしているのです。

私たちは、人間の本性が利己主義、攻撃性、ねたみなど、ネガティブな衝動に満たされたものだと思い込まされています。自分たちにできるのは、ネガティブな感情が心に湧き上がるときの衝動を部分的にコントロールするのがせいぜいであり、他人のネガティブな感情などまったくコントロールできないと思いこんでいます。そのため、私たちは毎日前触れのない危険と闘い、たとえ問題や損失が生じようとも、自分たちの欲望を満たそうとする人々との闘いを繰り返しています。

あなたは、開かれた意識へといたる第一歩として、たとえそれが社会的な規範であっても、その世界観に挑戦する必要があります。常識とされていることが必ずしも真実ではないのですから。

真実は、私たちが「現実」と呼んでいる世界でめいめいと深くからみあっています。心は実体のない幻ではなく、すべての状況にしっかりと組み込まれています。

心がどのように働いているかを知るために、まず、思考と行動を分けて考えるのをやめてみましょう。思考と、それが刺激する脳細胞、脳からメッセージを受けたときの身体の反応、そしてあなたが目標を追求しようとする行動、それらすべては、連続した同じプロセスの一部です。数十年間、遺伝子が生活のあらゆる側面を決定しているという説を唱え続けていた遺伝子学者のあいだでさえ、「遺伝子は名詞ではなく、動詞である」という新しい言葉が生まれています。内に秘められたエネルギーこそ普遍的なものなのです。

人は、心と関係のない環境にただ浮かんでいる存在ではありません。あなたの環境は、あなたの発する言葉や行動に影響されています。「君を愛している」という言葉と「君を憎んでいる」という言葉では、相手にまったく違う影響を与えるでしょう。「敵が攻撃してくる」という言葉によって社会全体が扇動されてしまうのも同じことです。ネットワークが最高レベルにまで拡張された現在では、世界規模の情報交換によって地球全体が影響されます。あなたは、Eメールを送ったり、ソーシャルネットワークサービスを利用することによって、世界共通の意識に参加しています。あなたがファーストフード店で食べる物は、環境問題に取り組む研究者が私たちに示すように、全生物圏に影響しています。

スピリチュアリティは、いつも全体を考えることからはじまります。私たちは現実の世界でさまようあまり、孤独という概念がたんなる虚構であることを忘れています。あなたの人生のどの一瞬も、思考、感情、脳内物質、肉体的な反応、さまざまな情報、社会的な影響、人間関係、環境などが複雑に入り組んだプロセスの一部です。したがって、あなたが話し、行動するときは、すべての生命の流れにいつでも小さなさざなみをたてているのです。

覚えておかなければならないのは、スピリチュアリティは、あなたについて述べられる表面的なことがらを超越したものだということです。スピリチュアリティは、あなたの人生の流れに良い影響をもたらす方法を教えてくれます。

「純粋無垢な意識」があらゆるものの根底にあるのですから、あなたの人生を変えるための最も強力な方法は、まずあなたの意識に取り組みはじめることです。あなたの意識が変わると、あなたの状況も変わります。

状況はすべて、目に見えるものと見えないものとに分けられます。

見える部分とは、五感で理解可能な「心の外側」に存在しているもので、大多数の人たちが闘っている部分です。人は、自分の状況の目に見えない側面とは対決したがりません。危険や恐れが、自分では確認できない「心の内側」に潜んでいるからです。

しかし、人生についてスピリチュアルなビジョンでとらえると、「心の内側」と「心の外側」は無数の糸で絡みあっており、人生という織物はこの無数の糸によって織られていることがわかります。


二つの全く対照的な見かたが競合しています。一つは物質主義や不確定性、形式に基づいた見かたであり、もう一つは意識や目的、心の内側と外側との調和に基づいたスピリチュアルな見かたです。現在直面している問題についての解決法を探る前に、今すぐに、あなたが従う人生の見かたがどちらであるかを、心の深いレベルで選ばなければなりません。スピリチュアルな見かたはスピリチュアルな解決に導いてくれますし、スピリチュアルでない見かたは、その他のさまざまな解決法に導いてくれます。これは重大な選択です。あなたがそれを理解するかどうかにかかわらず、あなたの人生は、あなたが無意識に行った選択にのっとって展開し、あなたの意識のレベルによって決められていくからです。

しかし、こうしたスピリチュアルな解決法、およびそれによって達成されるものについての話は、多くの人にとって馴染みのないものでしょう。大多数の人々は、自分と向き合うことを避けています。そのために、考え方を一つに決めることができません。代わりに、やって来る人生に立ち向かい、最善を尽くし、過去の過ちを参考にし、友人、家族からのアドバイスを当てにし、希望にすがるのです。そして結局は、そのときしなければならないことをやめて、自分の望みばかり手に入れようとしてしまいます。

では、あなた自身の人生についてスピリチュアルなビジョンを得るためには、どうすればいいのでしょうか。

本書では、これまで行われてきた宗教でのやり方とは違う方法をとっています。祈りや信仰は、これから明らかにする考え方から除外はされませんが、中心になるものではありません。もしもあなたが信仰心にあふれ、神に帰依することによって安らぎと助けを見出すのであれば、それがあなたに合ったスピリチュアルライフだといえるでしょう。しかしここでは、どの世界的な宗教よりもはるかに広大な伝承を参考にすることにしましょう。人間という肉体を持った状態で深く内省した、東洋、西洋の賢者や先覚者の実際的な英知をまとめた伝承です。

後の章で述べる、実用的な英知の一つは次のようなものです。

「生命はたえず循環しており、同時に進化している」

これは、あなたの人生についても当てはまります。あらゆる苦悶や葛藤が、あなたを進化の流れに参加させないためにあると悟ったとき、あなたは闘うことをやめる最高の理由を手にします。私が教えを受けた有名なインドの賢者は、人生とは、痛みと苦しみの二つの岸のあいだを流れる川のようなものだと説きました。私たちが川に留まっているときは、あらゆることが問題なく流れていきます。しかし、私たちは、まるで二つの岸が安全と保護を与えてくれるように勘違いし、痛みや苦しみを必死に掴もうとしてしまうのです。

人生とは、それ自体が流れゆくものです。ですから、どのような種類のものでも、確固とした物を掴もうとするのは人生の流れに逆らうことになるのです。あなたが掴んでいるものを手放せば手放すほど、本当の自己の望むまま、自分の人生を発展させることができます。一度このプロセスがはじまれば、あらゆるものが変化します。内側と外側の世界は、混乱や対立なしにお互いを反映するようになり、すべての答えが魂のレベルからあらわれてくるので、なんの抵抗もなく進めるようになります。あなたが望むものはすべて、あなた自身と周囲にとってベストな結果を導いてくれるでしょう。

結局のところ、幸福は現実に基づいています。そして、変化と進化以上に現実的なものはありません。本書で述べることは、すべての人がその変化の川に一瞬でたどり着くための方法なのです。

第二章　人生における最大の困難

人間関係の問題

人間関係をスピリチュアルに解決するために、なにをどうやってはじめたらいいのでしょう。まずは、自分の意識を広げる際に、パートナーの意識も同時に広げようと努力することです。スピリチュアルなレベルでの人間関係とは、魂のレベルでお互いを映し出す鏡だからです。スピリチュアルな関係は、心の最も深い部分を満たしてくれます。こうした充実感は、まがい物で得られるようなものではありません。

では、それはどんな要素でつくられるのでしょうか。

スピリチュアルなやり方に決まった形はありません。あなたは、「無条件の愛」とか「完全な信頼」といった理想的な言葉で、完璧な人間関係を定義できますが、実際のところ、それぞれの関係にはたどるべきプロセスが存在していて、最高の関係においてさえ予期できない問題が起こります。

この項では、人間関係に悩む人たちについて述べていきます。そういった人たちにも、同じようにたどるべきプロセスが存在しますが、彼らの場合、それが間違った方向に進んでいます。かつて愛し合っていた二人が仲違《たが》いし、幸せになれないでいるとき、そうなるまでにたどってきたプロセスにはとてもわかりやすい要素があらわれています。自分の結婚生活や、大切なパートナーについてよく考えてみてください。以下にあてはまるものがあるでしょうか。

自分を相手に投影する

あなたのパートナーは、あなたを怒らせ、いらいらさせるばかりです。しかし相手は、あなたをいらいらさせるようなことはなにもしていないし、ましてやあなたを傷つけるようなことはしていないと主張します。でも、あなたの感じ方は変わりません。相手のほんのちょっとした仕草《しぐさ》もすべてが気に入らないのに、相手をこれ以上変えようがないとも感じています。

偏った判断をする

あなたは、いつもパートナーが間違っていて、悪いのは相手だと感じています。パートナーをリスペクトする気持ちはなく、いつも相手を非難しています。とくに、あなたの判断について相手からとやかく言われることが我慢なりません。そういう口出しは、あなたが正しくて相手が間違っているという気持ちを増幅させてしまうだけです。

お互いに依存する

パートナーは、あなたの欠けている部分を満たしています。二人は互いを合わせてやっと一人の人間となり、世間に対して共同戦線を張っています。しかし、そこには重大な落とし穴があります。いつも二人でくっついていなければならず、いったん意見が食い違ってしまえば、お互いが自主的な一人の人間として自立するのは不可能です。自分の心の欠けている部分をおぎなう相手をいつも必要としているのは、そうしなければ、心の空洞をいつまでも埋めることができないからです。

多くを与えすぎる

いい関係を築いているとか、夫婦仲がよいと誇示したいために、あなたは自分の持っていた権利をすべて相手に捧げてしまっています。重要な決定はすべてパートナーが行います。相手の言うことが絶対なのです。

たとえば恐妻家の家庭などがそうで、そういう家庭は夫がすべての権限を妻に与えていますね。しかし、男女どちらの場合であっても、いずれあなたは、自己管理も、自尊心も、人に対する評価も、最終的にはあなた自身に対する自己評価さえ、相手に依存するようになるでしょう。

奪い取りすぎる

これは、与えすぎるのとは逆の場合です。あなたが依存する代わりに、パートナーをあなたに依存させようとします。相手をコントロールし、支配するのです。あなたはつねに自分が正しいと思っていて、いつも自分に都合のいい理屈をつけては、際限なくパートナーを責めています。自分が正しいつもりでいるので、パートナーとなにかを共有したりすることはないし、なにかを相談することもありません。多かれ少なかれ、あなたはパートナーに「自分は相手より劣っている」と思わせています。

人間関係とは、自由に出し入れしたり、磨いたり、修復するためにどこかへ持ちだせるような品物ではありません。相手との関係は、ともに過ごした日々、たくさんの時間の積み重ねから成り立っていて、関係が終われば一瞬で消えてしまうものです。その時間、一瞬一瞬に、どのように対処してきたかが、あなたの人間関係のすべてです。瞬間ごとに過ちを続けていけば、当然のことながら、その人間関係は悪い方向に向かいます。

そうならないためには、どうするか。もちろん賢明に、うまく対処することが最善ですが、それには技術が必要です。

結婚について、それが聖人同士の盟約であると思っている人はいないでしょう。あなたに必要なのは、愛や理解が自然にあらわれるレベル――あなた自身のより深いレベルとつながることです。悪化しつつある関係において、あなたの意識は浅く、閉じられた状態にいます。そのため、自然に起こってくる感情は、怒りや敵意、不安、倦怠感、習慣になってしまった反応、そういうものしかありません。

しかし、自分自身やパートナーを責めてはいけません。これらの感情は、意識を広げることにより簡単に変えられるもので、今はたんにあなたの意識が狭められているだけなのです。

関係に問題が生じたとき

「開かれた意識」は、それ自身、特徴をもっています。相手との関係で一番いい部分、相手を誰よりも近く感じ、理解しあう瞬間に焦点を当てて、次のようなことが当てはまるか見ていきましょう。

進化している

あなたが本当の自己を見つけようと努め、そのレベルから行動するように努めると、同時にパートナーも同じ目標を持つようになります。あなたが自己の進化、成長を望めば望むほど、相手もそうあってほしいと望むようになります。

対等である

あなたは、相手と比べて自分のほうが優れているとも劣っているとも感じません。どんなにパートナーがあなたをいらいらさせても、心の底では、きちんと相手を別の魂だとわかっています。お互いに敬意を持っていて、口論のときでさえ相手をけなしたりしません。たとえ、あなたのほうが正しいというぬぼれた感情をひそかに抱いていても、対等であるという感覚は自然に得られています。

現実的である

お互いに隠しごとをせず、誠実であることを求めます。幻想が幸福の敵であることを理解していて、ありもしない感情を持っているふりはしません。それと同時に、否定的な感情が自分の心の投影であるともわかっていますから、怒りや敵意に身を任せることもありません。しっかりと地に足の着いた生活をすることは、毎日を、つねに新しい気持ちで過ごすということです。どの瞬間にもはっきりとした実感があるなら、一日を過ごすために、やたらな決め付けや験《げん》を担いだ儀式に頼る必要はないでしょう。

親密である

人は、親しいということから喜びを得ています。細やかに通う愛情は、お互いを理解しあうためにあるものです。相手はこういった親しさを利用してあなたからさらなる愛や欲望を引き出したりしませんし、あなたとの関係が親密すぎることを恐れてそこから逃げることもありません。人との密接な結びつきは、お互いを危険にさらし、傷つけてしまうような状態とは異なります。むつまじい関係とは、お互いの最も深いところで真実を共有することなのです。

責任が取れる

あなたは、たとえつらく苦しいことであっても、自分の責任から逃げたりはしません。自分自身の負うべき心の重荷をきちんと引き受けます。もちろん、二人でともに引き受けるべき重荷もあるでしょうが、自分の重荷を軽くするために相手を共依存に仕向けたりはしません。それは、一個人の問題を二人で耐えるように強制することだからです。

「あなたがどれだけ私を怒らせたか」とか、「あなたがどんなふうに私を傷つけたか」ではなく、それが「私の怒り」「私の痛み」だとはっきり理解することで、あなたは被害者意識から抜け出すことができます。自分が被害者だという気持ちを正当化するのは、根本的に責任をとろうとしていないからです。そうした態度は、あなたの感情や、自分で下すべき結論の決定権すら相手に押し付けていることになります。

与えることを通してゆだねる

あなたは、なにかに負けたから相手に従うのではありません。そうではなく、どれだけのものをパートナーに与えることができるか自問しながら、相手に自分をゆだねるというレベルに達するのです。このレベルでは、本当の自己が相手のそれに従っているのですから、与えることは高潔で誇り高いものです。この感情は愛の表現の一つですが、なにも見返りを期待しない、ほとんど絶対的なところにある愛です。あなたが与えるたびに、本当の自己はその価値を高め、あなたに利益をもたらしてくれるでしょう。

もしプロセスの一方がお互いの関係を悪化に導き、一方が発展へと導くという違いがわかれば、スピリチュアルな関係へと第一歩を踏み出すことができます。ですが私は、ここでは「スピリチュアル」という言葉に重きを置くつもりはありません。

多くのカップルは、スピリチュアルであることを、自分には無関係であるとか、なにか恐ろしい概念だとさえ思っています。でも、自分たちの意識を拡大させる、その価値を知ることは大切です。そのために、どこからはじめるかを知らなくてはいけません。

私たちは、利己的な見かたに固執しがちで、そのときどきで自分が一番欲しいものがなにか、よく理解しています。パートナーが損得抜きに尽くしてくれて、自分の欲しいものを手に入れる手助けをしてくれるだろうという幻想を抱きます。

心にそういった気持ちを持ったまま、パートナーに対して、自分に尽くしてくれるよう、また従ったりするように説得するのは、不毛なことです。それは、「自分に求めている以上のことをあなたに求めている」と言うに等しいのです。しかも、閉じられた意識の状態では、誰も正直にそんなことは言えません。

互いの関係をうまく運ぼうとしたいなら、その問題を異なった角度から扱い、意識を広げることでどんな恩恵が得られるかを、ほんの少しでも認識することです。そうすれば、もっとリラックスできますし、ストレスを減らすこともできます。ポジティブな感情が押さえつけられたり、干渉される心配もありません。不安すら表に出し、開放することができるのです。

こうした効果は、少なくとも最初は利己的なものでしょう。しかし、時間とともに、開かれた意識は、他の人のことを考える余裕を生みます。何年間もスピリチュアルに展開された関係では、自分でも気づかないうちに次のようなことを行っています。

・パートナーとの関係は、あなたの気持ちが尊重され、勝手に決め付けたりされないという信頼感の上に成り立っている。
・すべてを受け入れられているという信頼感とともに、深いレベルでつながっている。
・本当のあなたがどんな人間で、本当のパートナーがどんな人間なのかという部分に踏みこんでいる。つまり、魂を明らかにしあっている。
・愛や親しさについて、その気持ちは制約されず、恐れによって妨げられることもない。
・より高い目標に向かってともに進んでいる。
・子供たちの世代が今以上に希望にあふれているように、現在の状況を向上させようとしている。

自分やパートナーのことを考えてみて、これを達成することは不可能だと思うかもしれません。しかし、スピリチュアルな関係とは、今すぐにはじめられるプロセスから当然の結果としてもたらされるものです。

古代から世界に伝わる叡智では、一つの魂が天国や悟りの境地に達するためにどうすればいいのか、それを個人にのみ語りかけています。しかし、人間とは社会的な存在であり、個人の成長は、社会という環境のなかで起こるのです。現在の状況を見渡すと、内的な成長が必要な数え切れないほどの家族を目にします。しかし、それについて語るのは簡単なことではありません。

現代社会において、人生のスピリチュアルな側面は、「現実の生活」から切り離されており、現実の生活でスピリチュアルなものに気持ちを向けることはまずありません。私たちはいつでも、家族を養ったり、衣食を調えたり、平穏な家庭を築いたり、という日常的なことについてあれこれ悩んでいます。人間関係は最良の状態にあってさえ難しいものなので、スピリチュアルな関係を築き上げようなんてことはまるで空想のように思えるでしょう。ですが、スピリチュアリティは、人生のあらゆるものの基礎です。私たちはまず魂であり、次に人間という肉体なのです。すべての叡智は、この教えを何度も何度も繰り返しています。あなた方がこの方程式を逆にして、まず人間という肉体として関わろうとするなら、そこに問題が起こるのは避けられません。なぜなら、私たちはそれぞれ個人的な行動指針を持ち、好きとか嫌いとか、その他にもたくさんの身勝手な動機を持っているからです。そのレベルでは、本当の自己は隠れているより他にないのです。

誰でも光を必要としている

しかし、本当の自己は隠れ場所から出てくるためのあらゆる理由を持っています。そうすることによって、二つの魂がお互いを見つけ出すことができるからです。

とはいえ、あなた自身のスピリチュアルな自己があらわれるのは、なにも最も大事な人との関係を通してだけとはかぎりません。あらゆる関係は、それぞれに特有のポテンシャルを秘めています。

あなたが関係するすべての人たちを大きなパイだとして、それぞれの相手は切り分けられた一切れであると想像してみましょう。パイのほとんどは、けっして変わらない信頼できる友人や家族といった、安定した関係の人々でしょうが、その安定はあなたに必要なものです。たとえあなたが「相変わらずちっとも変わっていない」とか、「自分が変わったと気づいてくれない」とか不平をこぼしていても、その関係は、あなたの人生を安定させ、慰めを与えてくれるものです。あなたが休日を過ごすため、我が家に帰ったときに集まってくれる人々です。

ただし、そのなかの少なくとも一切れは、光をもたらす人であるべきです。その人はあなたにインスピレーションを与え、あなたを成長させ、より高みへと進ませてくれます。

恋愛感情は必ずしも必要なものではありません。彼氏とか彼女は、あなたが関係するなかで最も扱いの難しい人かもしれません。恋人という関係はお互いにオープンすぎて、二人のあいだでは、他の人に対するようなやり方がまったく役に立たないからです。夫に対して「私たちは一緒にいても、全然幸せなんかじゃないわよね」と言った女性がいました。そのとき、ためらうことなく夫は「幸せじゃないってことが今の仕事なのかもしれないね。きっとそうなんだよ」と答えたのでした。

深いレベルでの幸せとは、それが真実であるときのみ、終わりなく続いていくものです。どんなに楽しく思えても、人間関係の基盤を幻想のうえに置こうとすれば、最後には失敗するだけです。

光をもたらしてくれる、あなたのパイの一切れを探すことです。「光」こそ魂の本質です。それは、魂のあり方を示す象徴です。すなわち、愛、受容、創造、思いやり、相手の立場に立って考えること、共感などのことです。あなたの基本となる人間関係には、こういった要素が含まれているべきなのです。

それでも、数え切れないほど多くの人がどうしても幸せになれずにいます。そういった人たちの人間関係の輪のなかには、誰一人インスピレーションを与える人がいません。彼らのスピリチュアルな道程には仲間がおらず、むしろ彼らが付き合っている人たちは、スピリチュアルな道へ進もうとするのを妨害しているかもしれないのです。これこそ、多くの人が悩んでいる人間関係の問題の核心です。

しかし、解決法をどれだけ求めても、それは問題と同じレベルには存在していません。解決法は「本当の自己」のレベルにあるのです。それを理解したとき、あなたは自分のパートナーを責めるのをやめ、被害者ぶるのをやめ、自分たちが実際に何者であるかを見つけるために、責任から逃げなくなります。そのように考えるカギを手にすれば、関係に悩む二人があらゆる試行錯誤をくりかえした後でさえ、それまでに考えもしなかったようなスピリチュアルソリューションがあらわれるのです。

彼らがこれまでトライしたことがないこと、それは人生全体を支えているたった一つのこと――本当の自分の姿に気づくことです。スピリチュアリティのすべてがそこにかかっています。人と関係を持つことは、その人と手を携えて自分自身を探求するための旅なのです。お互いに責任を引き受け合うことができたとき、なによりも大きな満足がやってきます。

健康とウェルビーイング

次に踏み出すべき一歩は、健康という分野に意識を持ち込むことです。こちらの一歩のほうが、人間関係よりさらに必要とされる、より大きな一歩です。

多くの人々にとって、健康はたんに肉体的なことでしかないと考えられており、その日の気分の良し悪しや、鏡に映る状態によって自分の体調を判断しています。病気を予防しようとするときも、基本は運動、食生活、ストレスといった肉体的なリスクだけに注目します。とりわけストレスに対しては、真剣に留意することもなく、うわべだけのものです。そうした惰性的な態度が、ここで大きな問題になってくるのです。

医学は、大部分を薬や外科手術に頼っていますが、そういった手段は、私たちの肉体への執着をさらに強めています。たとえホリスティックな健康法が提案されても、人々が実践するのは、たんに薬剤をハーブに替えたり、加工食品をオーガニックな食品に替えたり、ジョギングをヨガ教室への参加に替えたりするぐらいでしょう。この程度では、真のホリスティックな取り組みにはなりません。

ホリスティックな考えのもとで健康になるためには、意識の分野も考えなければなりません。意識とは、体や心に長期的な強い影響を与える、目に見えない要素です。
では、次の基本的な質問に答えてみてください。

・運動不足、食べ過ぎ、強いストレスにさらされ続けるといった悪習をあらためることができましたか。
・衝動をコントロールするのは難しいですか。
・自分の体重や体型に不満を感じていますか。
・運動するつもりになっているだけで、実際には理由をつけて運動せずにいるのではありませんか。
・健康に取り組もうという熱意が長続きしないのではありませんか。
・老いについてどう感じていますか。
・死について考えるのを避けていますか。

これらの質問には、それぞれ二つのレベルが存在します。

第一のレベルは具体的なリスク要因に関係するもので、たとえば適切な体重を維持し、十分な運動をするといったことです。しかし、誰もが知っているように、この基本的な健康法は数十年来の健康推進活動ですすめられてきたにもかかわらず、病的な肥満をはじめ、二型糖尿病のような不規則な生活習慣からくる病気、ほとんど身体を動かさない生活習慣などを防げていません。しかも、これらの傾向は、低年齢層へと移行しつつあるのです。

このようにウェルビーイングが軽視されてしまうのは、第二のレベルに対する私たちの無関心が原因です。すなわち、心の問題です。

「ウェルビーイング」という言葉には、あなたの身体を正しく扱うことだけではなく、不安な気持ちに隠れ場所を与えたり、どれくらい悪くなりそうなのかを予測したり、さまざまなリスクについて考えることなども含まれています。多くの人々は表面的なことしか見ようとしないため、世界があらゆるリスクであふれているように感じることでしょう。細菌、毒素、発がん性物質、殺虫剤、食品添加物などなど、危険物のリストはどこまでも続きます。うつ状態のような精神の不調に直面するまで、人々は心の世界を無視したままなのです。

数十年にわたる研究の結果、否定的な態度やストレス、孤独感、淋しさ、感情的な抑圧が、心身に悪影響を与えることがわかりました。これらの要素に共通しているものはなんでしょうか。そう、「閉じられた意識」でいるということです。私たちは、自分たちが住んでいる部屋よりももっと強固な心の壁によってさらに孤立し、心を閉ざしているのです。では、「閉じられた意識」が肉体に与える悪影響について詳細に見ていきましょう。

肉体的なシグナルが無視され否定されている

数十年前、私たちが肉体を認識する方法についてある革命が起こりました。物理的なものや具体的な出来事としてあらわれるものは、実際には一つのプロセスだとわかったのです。肉体のうちで変わらないものは一つとしてなく、生命は非常に抽象的な情報というものによって維持されています。五十兆個もの細胞は、表面の受容体を利用して血液を流れていく分子からの情報をとらえ、たえずお互いに会話しています。情報は平等で、あまねく開かれています。肝臓からのメッセージは脳からの情報と同じくらい重要で、合理的なものです。

閉じられた意識に留まっていると、情報の流れはまず脳で妨害されます。物理的な次元では、脳が心を代表しているからです。あらゆる細胞は脳からの情報を聞き、また脳から直接指示を受けたりしています。そうやって、化学物質に乗ったメッセージは、良いものも悪いものも、数秒で全身のいたるところに届けられます。

最も基本的なレベルでは、食事や運動、ストレスなどでよくない生活習慣を選択するとき、あなたはホリスティックな決定をくだしています。自分の選択を、肉体から分離することはできません。肉体は、自分が行ったあらゆる望ましくない選択について、その影響を受け続けなければならないのです。

解決法：肉体についてもっと意識を深め、受け入れるようになることです。勝手に判断してはいけません。感覚と感情を通して肉体とつながり、閉じ込められ、拒否されているものを意識の表面に浮かび上がらせるのです。

長年の習慣になってしまうと、衝動のコントロールが難しくなる

あなたの肉体は、それ自身の声や意思を持っていません。あなたがやろうとするどんなことにでも順応します。その適応力は驚くべき高さです。人類は、動植物をはじめ、さまざまなものを食べ、多様な気候のなかで暮らし、高低さまざまな場所に住み着いて、他の生物にはない創造力を駆使することで環境の変化に対応し、結果、皮肉にもウイルスやバクテリアのような単細胞生物しか存在できないようなところにまで進出しています。この順応性なしでは、私たち人間は今まで生きながらえることはできなかったでしょう。

ところが私たちは、自分自身の力を抑えて、環境に適応するのを拒むこともあります。その原因は習慣です。長いあいだに染み付いてしまった習慣は、あなたが変わりたいと思ったときや、環境が変化を求めたときでさえ変化しようとしない、固定化されたプロセスです。その極端な例が依存症です。

アルコール中毒の患者は、肉体からネガティブな反応を受け取り続けますから、周りの人たちは

彼が意識を変えて中毒から抜け出すように求めます。と同時に、周囲の人たちもまた、中毒患者のために苦悩を抱え、ストレスが高まり続けていきます。

普通の毒を身体に取り込んだなら、たとえば、傷んだ魚を食べたり、ピクニックで腐ったマヨネーズを食べたりしたときは、肉体が順応作用を働かせるでしょう。自動的に、そして強力に肉体は毒素を排出し、浄化しはじめ、できるかぎり速やかにバランスの取れた新しい状態に戻します。しかし、依存症は習慣的なものです。この習慣が、肉体が適応し、対応しなければならない動きをすべて阻害してしまうのです、ついには身体を壊してしまうまで。

これほど極端でなくても、食べ過ぎや運動不足といった毎日の習慣が、あなたの肉体が正常に機能する邪魔をしています。これは、心配性やタイプA行動パターン（行動的、攻撃的で、つねに時間に追われているような性急な性格）に属するメンタルな習慣についても同じことです。

解決法：習慣になっていることを行う前に、一呼吸置くことです。あなた自身がどのように感じているかを、自分に問いかけるのです。別の選択肢があることを、自分に示します。別の選択をすることができますか。できないとしたら、なにがあなたの邪魔をしているのでしょうか。

反射的に、半ば自動的に行動するのをやめ、自分に新しく問いかけることで、悪癖を打ち破ることができます。そこから新しい選択肢があらわれるでしょう。一つの習慣にだけ取り組んでいては、その習慣はさらに強さを増すばかりで、闘いに負けることは避けられません。しかもそれは自己批判さえ引き起こしてしまうのです。

フィードバック・ループがネガティブなものを増幅させる

あなたの細胞は、一方通行の会話をしているのではありません。細胞の言葉は、他のメッセージが血流や神経系統を通して流れる際に組み入れられ、互いに連絡を取り合っています。もし一つの細胞が「私は具合が悪いです」と伝えたとすると、他の細胞たちは「私たちにできることはありますか」と答えるでしょう。これがフィードバック・ループ（循環回路）として知られる基本的なメカニズムです。

フィードバックとは、すべてのメッセージに答えが返ってくること、助けを求める叫びをあまねく拾い上げることを意味しています。非難、拒否、偏見、暴力のような形で、多くのネガティブなフィードバックを与える一般社会と違って、肉体は建設的なフィードバックのみを返してくれます。細胞たちは生き残ることに努めており、生き残るためには互いのサポートが絶対条件なのです。痛みさえも、治療を必要とする部分についてあなたに知らせるために存在しています。

私たちは、ネガティブなフィードバックを生み出す強力な能力を持っています。それゆえ、すべての人の身体は、心を通じて広がる葛藤や混乱、恐れ、うつ症状、絶望や罪悪感に苦しむのです。

そして、そのうちのいくつかを、自分たちの当然の権利だと言うわけです。

人間は、悲しい映画を見ては泣き、他人の不幸をともに悩み、世界で起こった大惨事にショックを受けることによって安んじています。

問題なのは、私たちがネガティブなフィードバックをコントロールできなくなることです。うつ症状とはコントロールできない悲しみであり、不安とはチェックされずに根強く続く恐れです。これは、「閉じられた意識」の最も複雑な領域に属するもので、一生涯続いて身体のフィードバック・ループを崩壊させたり、ときには一瞬でフィードバック・ループを崩壊させることができます。

その代表的なものは、ストレスです。ストレスは、即座にあなたを打ちのめすことも、毎月少しずつ消耗させることもできます。しかし、そこにはいつも同じ原因があります。恐れや脅威から自らを守るために殻にこもり、意識がどんどん縛られていっているのです。

解決法：ポジティブなフィードバックを増やしましょう。内的にも外的にも起こすことができるはずです。友人やカウンセラーの支援を求め、内省し、恐れや怒りのようなネガティブなエネルギーを解放することを学ぶのです。あなたの肉体は、弱められ、せき止められたフィードバック・ループを元に戻そうとしています。フィードバックとは情報そのものです。より多くの情報を心や肉体にもたらすものは、それがなんであろうとすべてあなたの助けになるでしょう。

アンバランスな状態は、具合が悪くなり、病気になるまでそれとわからない

西洋では、健康について、単純に「病気」か「元気」かのどちらかであるとみなす傾向があります。人々が直面する選択肢は、「私は大丈夫」か、「医者に行かなければいけない」かのどちらかです。

しかし、病気の症状があらわれる以前に、肉体はいくつものアンバランスな段階を経ているはずです。アーユルヴェーダのような東洋の伝統医学では、肉体の不安定な状態がきちんと認識されますから、診断によってアンバランスになっている兆候を見つけることができ、兆候の段階から治療することができます。たんなる不快感や具合が悪いという、はっきりしない感覚でさえ信頼できる指針となるので、病気へのアプローチのしかたもより本質を見ることができるのです。そこでは、深刻な病気の九十パーセント以上が、医者ではなく患者自身によって最初に見つけられるといわれています。

アンバランスという状態が示唆するものはさまざまですが、第一義的には、アンバランスはあなたの肉体が適応できないことを意味しています。肉体は、問題の深刻さに応じて、不快感や痛み、機能低下、活動の停止などを受け入れるよう強要されます。これをごく小さな顕微鏡レベルで観察すると、さまざまな細胞の受容部分が、もはやメッセージの流れを送りも受けもしていないことがわかるでしょう。メッセージなくして一つの細胞が正常な状態を生きるのは不可能です。

バランスを崩すということは、バランスを保つのと同じく複雑なものです。それは、細胞の最も極端な反応であるガンの治療が、時間が経つにつれてどんどん複雑で困難になることにもあらわれています。その最も大きなマイナス要因となるのは、意識です。健康な状態とは、自分の身体に気づくところからはじまっています。それ以上に敏感なものはありません。意識が引きこもったり閉ざされたりしていると、肉体は自らを知る能力の一部を失い、監視する力をなくしてしまいます。医者の検査がどんなに正確であっても、心と体のシステムのなかで、一分間に数千回も行われている自己監視以上に正確なものはありません。

解決法：「私は大丈夫」と「医者に行かなくては」という二者択一にするのをやめること。物事は白か黒だけで分けられるのではなく、多くのあいまいな灰色の部分があります。自分の体のかすかなシグナルに気をつけて、真剣に受け止めるのです。注意をそらしてはいけません。病気になる前にあらわれたわずかなアンバランスを的確に処理してくれるヒーラー、エネルギーワーカー、身体心理療法など、治療法はいろいろあります。それらの助けを借りるのもいいでしょう。

老化は恐怖とエネルギーの喪失を引き起こす

もしも老化が純粋に肉体的なものであるなら、世界中で――それが異なった時代であったとしても――老化は誰もが同じプロセスをたどるはずです。しかし、事実はまったく異なります。時間の経過による肉体の衰えの程度は、その人の生きた時代や場所によって劇的なほど変わるのです。

かつては当然と考えられていた老化現象ですが、それを免れ、若返ってさえしまう人たちがあらわれています。そういった人たちはまだ稀《まれ》かもしれませんが、記憶力が年とともに改善されたり、八十代や九十代から再び運動をはじめて、以前よりも体力をつけたり、自分の年齢より十歳、二十歳、または三十歳も若い人たちと同じ内臓年齢の人もいます。

私たちの寿命を延ばした公衆衛生の進歩がどうであれ、もともと肉体は長寿だったのです。古生物学者は、石器時代の人間が悪天候、事故、または飢饉のような環境上の因子によって死んだことを発見しましたが、そのような外的な要因がなければ、先史時代の人々は私たちと同じくらい長生きできたのではないでしょうか。現代文明に関係なく現在も存在し続けていて、八十代、九十代の長老が存在している伝統的な部族社会が、その証拠となるでしょう。

老化の肉体的な側面を強調し過ぎるのは近視眼的だと考える分野もあります。過去数十年にわたって醸成されてきた「ニュー・オールドエイジ」の出現は、年齢に対する考えかたや将来への期待に大きな変化をもたらしました。

年配者は役立たずで、古臭いといってのけ者にされ、必要とされず、孤立している――こういった状況は、周囲の無意識の期待に合わせてそのとおりにしているだけなのです。ただ無抵抗に、衰えや死を待ち続ける晩年は、社会によって押し付けられたモデルそのものです。最近の老年世代は、そうした傾向を拒否しています。団塊の世代へのあるアンケート調査で、老年のはじまりを何歳と考えるかという質問に対し、回答の平均はなんと八十五歳だったのです。人々はいまや、七十歳以上でも健康で活動的でいるべきだと思っていますし、全体的に見ても、この新しい期待感が現実になりつつあるといえるでしょう。

このことに異議を唱えて、私たちが長生きするようになった主な原因は、年配者への医療の進歩であると考える人もいるでしょう。それには二通りの反論が思い浮かびます。第一に、医療の進歩は、医者が高齢者を放《ほう》っておくのをやめたことでようやく可能になったということ。第二に、医者は一般よりはるかにニュー・オールドエイジへの取り組みを渋っていることです。高齢者医療を専攻する医学生の数の少なさを見れば、そのことがよくわかるでしょう。

それはともかく、間違いなく老化のプロセスは——社会的、個人的のどちらの見かたであれ——あなたの意識の状態に強力に影響されているのです。

解決法：ニュー・オールドエイジの一員になることです。そのための方法はいたるところにあります。たとえ支持を得られなくとも、それはたいした問題ではありません。問題なのは惰性であり、あなた自身の反応です。誰かと別れ、孤独になるのは、ほとんどの人にとって突発的に起こることではありません。すべてに消極的になり、あきらめが定着するまでには、何ヶ月も何年もかかります。壮年期（今では五十五歳から七十歳まで、もしかしたら七十歳以降までも）は、あなたに自身の老年期を組み立てるための時間を与えています。この時間は、ただ衰えていくためではなく、賢明で満ち足りた活動による新しい内的価値を得るために、前半生の上に築かれていくのです。

死はなによりも恐ろしい未来である

意識によって克服されるべき最後の未開拓分野は、死です。死とは、ほとんど誰もが考えることを避ける、でも免《まぬが》れない、定められたものです。しかし、より深いレベルでは、意識は死ぬことに影響されていないように見えます。

心は、肉体が消滅してもなくならないのでしょうか。そして意識は、死についてなにができるのでしょうか。死は意識そのものの「終着駅」なのでしょうか。――答えはもちろん、死後も魂は生き続け、存在します。死後の生についての約束は、伝道者聖パウロの美しい言葉に要約されています。

「死よ、汝のとげはどこにあるのか。墓よ、汝の勝利はどこにあるのか」

世界的な宗教のほぼすべてが、死は最後ではないと、同じような約束を繰り返しています。

しかし、死後についてのそうした約束が、今ここにある恐れを和らげることはほとんどありません。あなたが死を恐れるとき、そこにはあなたの不安が隠されています。でもあなたは、恐れているという事実を否定するか、さもなければ、死を重要な問題にしないでいようとするでしょう。

クモに対するような恐怖感とは異なる、死についての明確な恐怖が、細胞にどのような影響を与えるかを調べる医学的なテストはまだありません。ですが、少し距離を置いて考えれば、あなたの人生に最も広く影響を与えているものは、あなたが生と死についてどう感じているかからはじまっています。

ホリスティックにウェルビーイングを定義すれば、死を恐れることが、必然的に以下のような結果を招くとはっきりわかるはずです。すなわち、この世界で暮らすことに不安を感じる、脅意についていつも警戒している、生より死のほうがもっと強い力を持っているとみなす、といった結果です。

こういった結論を根底から覆《くつがえ》さなければ、ウェルビーイングを永続的に感じ続けることはできないのです。

解決法：超越の意味を理解し、体得しなければなりません。超越とは、普通に目覚めている状態をさらに超えることです。すでにあなたが空想や白昼夢、未来についてのビジョン、想像、未知の物に対する好奇心などで経験していることです。瞑想や観想、内省などを通してそのプロセスを一歩先に進めれば、あなたは自分の意識を、純粋無垢な意識を経験できるまでに広げることができます。そこに到達すれば、死への恐怖は永遠の生命についての知識に置き換わるのです。これが、聖人パウロが「死にいたるときに死ぬ」ことによって示したことです。そうなれば、もはやあなたは死に対する恐怖を煽《あお》って、恐怖を居座らせることはありません。その代わりに、最も深くにある意識のレベルを活性化させ、そこから生命の輝きを引き出すようになるでしょう。

病や苦しみは解消される必要があります。しかし、一生を通じてウェルビーイングを得るためのカギは、問題に対処する技術です。へたな対処をしてしまうと、あなたはあらゆる不幸な出来事、挫折、災害の餌食になってしまいます。しかし、強力な対処技術を持てば、あなたは不幸に直面しても早く立ち直ることができます。さらに、このような危機に臨んでの回復力は、晩年まで充実した生活をしている人たちに備わっていることがわかっています。

問題への対処は、まず心のなかからはじまります。あなたの意識の状態が、あなたの持つすべての心の癖や態度の基盤になっているのです。そこからあなたの生涯が展開していくわけです。閉じられた意識のままでは、行動はきびしく制約されます。そのため、わざわざ健康を危険にさらすような行動に身を任せてしまうのです。多くの人は、非常に限られた可能性しかないビジョンに捕らえられているため、出口を見つけることができないでいます。

これから本書で述べるように、私たちは対処技術についてもっと学ばなければなりません。とはいえ、悲しいことに大部分の人たちは自分たちをはっきり見ようとしていません。自分たちが苦労したり悩んだりする根本の原因がわからないのです。

いつものライフスタイルを改善するよう勧めることも有効ですが、ウェルビーイングのより高いレベルは、人々がすべてを満たす真実の源と接触するのをずっと待っているのです。

成功するということ

ご存知のように、私たちは誰でも成功したいと願っています。金持ちの家に生まれるとか、いい大学に行くとか、社会的、ビジネス的なコネクションを持っているといった利点を持つことが成功のカギだとみなされています。しかしよく調べてみると、こうした利点は成功にそれほど関係がないのです。アドバンテージをもっていたからといって将来の大成功が約束されるわけではなく、逆に、とくに有利な部分がないのにトップまで出世する人もいます。成功の秘訣を尋ねたとき、そうしたビジネスマンが重要なファクターとしてあげるのは「幸運」です。彼らは、適切な時期に最適なポジションにいたのです。あなたが成功を望むなら、最善の道は偶然のチャンスに賭けることかもしれません。

成功するためのよりよい方法があるとして、私たちはまず、成功とはどういうものなのかを問いかけなければなりません。面倒くさいことを抜きにして、単純に定義すると、成功とは、正しい決定が連続した結果生み出されるものです。人生で正しい選択をする人は、間違った選択をする人よりも良い成果を得るのです。その過程にどれほど挫折が多く、失敗続きであっても、この結論は変わりません。あらゆる成功者が証言しているように、成功達成への道のりは、むしろ一時的ないくつかの失敗にこそきっかけがあります。彼らはその失敗から教訓を得て、前に進むことができたのです。

では、どのようなことがよりよい決定となるのでしょう。どのような選択が成果を確実にするのでしょうか。私たちは今、その秘密の核心部分にちょうど切り込んでいます。そう、よい選択をするための決まった公式などないのです。人生とは動き続けるものであり、つねに変化しています。状況の変化によって、一年前や一週間前に有効だった方法がまったく役に立たなくなってしまっているのはよくあることです。そこには、隠された変数が影響しています。どのような公式も未知の要素を説明できませんし、これから起きようとしていることを最善の努力を傾けて分析しても明日のことはわからないという事実からは逃れられません。

未知の要素は、それだけで一つのミステリーです。ミステリーは、フィクションであれば楽しめるものですが、実生活においては、不安、混乱、自信のなさなどの混じり合った感情をもたらすでしょう。

未知の要素をどのように扱うかが、あなたの選択がどれだけよいものになるかにつながっています。悪しき決断とは、かつてはうまくいった方法をまた使おうとして、過去を現在に適用することです。最悪の決定は、それ以外のことがなにも目に入らないほど、頑固に過去の成功を繰り返そうとそればかりに心を傾けることから引き起こされます。

悪い決断についてくわしく分析しましょう。そこからわかるのは、それぞれの要因はすべて「閉じられた意識」に端を発しているということです。閉じられた意識とは、頑固で、かたくなに自分を守ろうとし、視野が狭く、過去に依存するものです。過去は周知のことであるゆえに、人は、未知のことにうまく対処できないと古い決定や習慣を指針として過去のやり方にすがるよりほかに、選択の余地がほとんどありません。ですが、もうおわかりのように、それはまったく当てにならないものです。

決定をためらわせるさまざまな問題を解決するためには、問題について明確なビジョンを得ることを阻んでいるあなたの意識を広げなくてはなりません。次にあげるリストを読む前に、あなたが、人間関係、職業、お金、その他の重要なことについて実際に行ってしまった、間違った選択について考えてみてください。そして、その間違った選択と、意思決定に使われた「閉じられた意識」の側面とを評価してみてください。

あなたの間違った選択について振り返る

では、次のリストを見てみましょう。

・直面した問題について、限られたビジョンしか持っていなかったのではないか。
・よりよい方法があったにもかかわらず、衝動で行動してはいなかったか。
・心の奥底で、間違った決定をするのではないかと恐れ、パニックに陥っていたのではないか。
・前もって予想していなかった多くの障害が、突然あらわれたか。
・エゴが邪魔をして、自分を間違ったプライドの犠牲者にしてしまったのではないか。
・状況の変化を知ろうとする気がなかったのではないか。
・事態をコントロールしているように見せかけることにこだわりすぎていなかったか。そのとき、心の深いレベルで、自分が問題を収拾できないと感じていたのではないか。
・あなたを止めようとしたり意見しようとしていた人々を無視してはいなかったか。
・全責任をとらなくても済むように、心の底では失敗することを望む——そのような自分の隠された思惑を見落としていなかったか。

これらの質問は、あなたをめげさせるために提供したのではありません。まったく逆です。あなたが、自分の「閉じられた意識」の欠点に気づくことができさえすれば、「開かれた意識」の恩恵について余すところなく明らかになります。一つずつ、それぞれの要素について取り上げてみましょう。

限定された視野で選択する

どのような状況でも、私たちはけっして十分な情報を得ることはできません。変数が多過ぎて選択するのも難しくなりがちです。誰もが、全体を把握できていない、断片的な知識に基づいて物事を決定するので、その人の持つ限定された視野が状況を不利にしてしまうのです。

あなたは、その状況についてもっと学ぶことで、ある程度まで自らの弱みを克服できるでしょう。論理的な解決に達するまで努力するのも大切なことです。しかし、想像してみてください。もしも、生まれてから一日も欠けることなく詳細に記された過去の記録を読んでから人生のパートナーを選ぶとしたら——。仕事を探すときに、雇用主がこれまで行ってきたあらゆるビジネス上の決定をまず分析してから取り掛かるとすれば——。あなたが評価しようとする項目が多ければ多いほど、すべてがますます不確かになってしまうことでしょう。

解決法：成功と失敗に影響を与える情報だけを考えることです。そのための合理的なモデルは存在しませんが、純粋無垢な意識のレベルでは、あらゆる変数が同時に計算されていきます。あなたの意識を拡大することができれば、多くの情報を整理する必要はなくなります。よい選択をするための重要なことは、すべて純粋無垢な意識の源から直接もたらされます。そして、その源はあなたの外にあるのではなく、あなたの内に存在しています。

衝動的に行動する

衝動的な行動は感情にふりまわされることであって、よくない決定はほぼすべてが衝動的なものです。それは不思議なことではありません。ビジネスの世界でも「構え、撃て、狙え」という格言がありますね。ものごとは順序立てて行わねばなりません。

意思決定を論理的なところに立脚させようとするのは、多くの研究者の求める至高の目標です。彼らに言わせると、感情や個人的な嗜好は、正しい判断を妨げるものでしかないのですが、しかしそういった取り組みはすべて失敗に終わっています。人間のあらゆる決定には感情が織り込まれているからです。たとえば、あなたは機嫌のいいときには、あるものを買うために支払いを惜しまず、衝動買いをしたり、将来について楽観的に考えたりするでしょう。自分の状況のネガティブな面が見えなくなっているのです。

感情的な偏りへの対処法は、衝動のコントロールです。衝動をコントロールできるかどうかは、心の知能指数を高める上で重要なファクターです。このことは、かなり昔から、さまざまな事例によって確認されています。

たとえば、一人の子供に、一個のキャンディーを与える場合。いますぐにもらうのを我慢して、あと十五分待てば、もらえるキャンディーが二個になると伝えます。後者を選択できるのは、子供のうちのほんの少数だけです。そして、二番目の選択ができる子供たちは、人生を通じて、よく衝動をコントロールする力を備えているといえるでしょう。彼らは眼前の満足と、後のより大きな満足とを区別して、後者を選ぶことができるのです。

どっちを選んでよいか窮する状況にあっては、自分の衝動をコントロールすればするほど、とっさの決断を信用することが減るでしょう。ただし、とっさの決断は、全く決断しないよりも正しいといえます。状況分析のために立ち止まって決断をしないことは、よい選択よりも、かえって悪い選択へと導かれる傾向があります。

解決法：今すぐに選択すべきか、後で選択すべきかを見極めなくてはなりません。これは、どんな前例も参考にできないやり方です。衝動のうちのいくつかはよい結果を導きますが、ほとんどは期待はずれに終わるだけです。純粋無垢な意識のレベルで起こる衝動こそが、未来の結果と密接に関係しています。純粋無垢な意識のレベルにいるときは、その瞬間に、あなたが行動したいと思ったことが未来の結果につながる正しいことであると確信できます。

また、開かれた意識を持てていれば、あなたには自然に正しい衝動が起こりますし、それがもし起こらないときは、本能的に自分に休息と再考が必要だとわかります。

失敗を恐れる

正しい決断をできる人は、大胆で勇気があり、恐れを知らない人だと思われています。でも、人は心に恐れを抱いていてもそれをごまかし、実際に感じている以上に自信と確信があるように見せかけようとします。歴史上、自信に満ちた表情を身につけることによって大衆をだまし、成功した人たちもいます。しかし現実には、重大な決定はほとんどが恐れと不安のもとでなされています。南北戦争中のリンカーンの写真や、第二次大戦中でのロンドン大空襲の際のウィンストン・チャーチルの写真を見れば、彼らの憂鬱と心配、悲痛な気持ちがはっきりとわかります。

恐れが避けようのない要素ならば、本当に取り組むべき問題は、恐れによって心の明晰《めいせき》さを失わないためにはどうするかということです。

恐怖で分別を失っている人は、感情的に、強い衝撃が後に続くに違いないと思い込んでいます。あまりにも恐れていて、他の選択ができません。さらに油断ならないのは、隠された恐れです。不安でいっぱいの人と同じように誤った選択をする可能性があるのに、恐れが隠されているため、自分は不安に思っていないと信じ込んでしまうからです。

こうした場合に陥ってしまうパラドックスは、私たちが最も自信に満ちたリーダーを選んでしまうことです。そのようなリーダーは自己認識が欠けているため、間違った決定を下すことが決められているようなものです。

解決法：自己の内に、勇敢で恐怖を持たないレベルを見つけることです。このレベルは、心の深い部分にあります。表面では、心はすぐに不安に影響されてかき乱され、手に負えないように見えます。そのすぐ下の層では、恐れの声が、リスク、失敗、最悪のシナリオについてささやき続けています。さらに下の層になると、別の声が、恐れのささやきはもっともらしく聞こえるが、いつも正しいわけではないと指摘し、現実的な対処を主張します。

あなたがこれらのレベルを超えることができたときにのみ、あなたは本当の自己に到達し、あらゆる状態を恐れなしに見られるようになります。恐れは過去の苦痛の記憶から生じているものですから、この瞬間の現在を生き、かつ過去の苦痛や心の傷とかかわりを持たない本当の自己は、恐れに左右されないのです。そこに至れば、リスクや最悪のシナリオの可能性を避けたり、否定したりせずに、それらの存在をはっきりと見ることができます。ネガティブな情報を得たときも、恐れに支配されることはありません。

予期せぬ障害や失敗

閉じられた意識の状態では、不確かなものはあなたの敵となります。

あなたは、他の人々がどのように振舞おうとしているかを、完璧に知ることはできません。たとえあなたが、行動について約束した宣誓書を相手と取り交わしたとしても、その当人ですら、自分がどのように行動するかを知り得ることはできないのです。社会は、多少とも信頼できる事柄と、誰も予見できない事柄とのあいだで絶え間なく揺れ動いています。従来からの経験では予測できない現象を説いた、いわゆるブラックスワン理論でも、歴史とは、誰もが予想できることによるよりも、まったく意外で異例な出来事によって大部分が決定されてきたと考えられています。個人レベルでも、自分たちのたどってきた人生について同じように感じている人が多いことでしょう。前述したように、成功を収めた人は、出世を幸運のおかげだと思っているのですから。

幸運よりもさらにありふれているのは、ツキがないとか、不運であることです。マーフィーの法則が人気なのは、わかっていても避けられない障害があるからです。悪くなるものは必ず悪くなるという自然の法則がたとえ実際には存在しなくても、自分たちには避けようがないと考えているのです。盲目の悲観主義は、盲目の楽観主義と同じように非現実的です。

多くの成功は、予期できない挫折に対処する能力を必要としています。最高の結婚とは、相手が完璧であるかどうかではなく、対処する技術があるかどうかで決まるのです。誰でも気まぐれに振舞う権利を持っています。ですが、その行動が結果として衝突を生んだとき、相手にこれまで通りに振舞うことを求めてもうまくいかないでしょう。まして、不運をうまく処理できないからといって、人生から逃げることもできないのです。

解決法：不確かなものを、あなたの敵ではなく、味方にするのです。すべての進歩は、未知なるものに達することで前進していきます。ひとたび未知なるものが創造力の源だとわかれば、あなたはもはや未知なるものを恐れないでしょう。その代わりに、人生が予期せぬ方法で再生する事実を喜んで受け入れることができます。しかし、この考え方は、なんにでも勝手に応用できるわけではありません。予期しない障害物は、深い部分を見ることができないあなたの無力を反映しています。あなたが見ることのできないものには、あなたを助ける力はありません。

だからこそ、あなたの内部に存在している創造力に道を開くのです。そのためには、開かれた意識が必要になるでしょう。

エゴ

もしあなたが他の人を自分に従わせたいと思ったら、自分を実物よりも大きく見せなければなりません。あなたのエゴが大きくなればなるほど、人々は、自分を保護してくれる〝傘〟としてあなたを使うようになるでしょう。人の本性は、自分を弱いと感じている人々に、自分の持てる以上のパワーを与えるよう強制します。

しかし、エゴは意思決定に際して、恐れと同じくらい悪い影響を与えるものです。一方では危険を過大に評価したり、一方では危険が存在することを認めたがらなかったりします。エゴの影響下では、人はたえずなにかをしていなければなりません。エゴが得意なことの一つは、イメージを組み立てることです。そのイメージは、他人があなたに対して抱き、思い込んでいるイメージどおりの振舞いをあなたに求めるでしょう。

したがって、面倒なことに、勝者であるためには多くのエネルギーを消耗することになります。加えて、自信喪失を招かないために、さらに多くのエネルギーが必要とされます。世界的に有名な人物に近づいた誰もが、彼ら有名人を取り巻く非現実性を感じとることでしょう。しかし、現実に根を下ろしていなければ、よい決定を下すことはできないのです。皮肉なことに、有名人たちは往々にして間違った選択をします。周りにいる誰もが、彼らのイエスマンになってしまうからです。

束縛のない自由とは、スピリチュアルな状態にあることです。エゴが自由の身であるふりをするとき、それは自由ではなく、ただの幻想にとらわれているだけなのです。

解決法：本当の自己から行動することです。そこでは「私」は、もはや個人ではありません。本当の自己のエゴは、認識することだけに集中しますから、そこであなたはなんらの投資もなしにユニークな視野をもつことになるでしょう。

意識が拡大するにつれて、エゴは死ぬのではなく、仕事を変えていきます。古い仕事は、自分がナンバーワンになろうとすることでした。新しい仕事は、あらゆることに留意していることです。あなたはもはや、世界に対して個人的な関心を持ちません。その目的は、他の人々に害を与えずに、あなた自身に利益をもたらすことです。最終的には、あなたが求めているものが、すべての人々の利益になるのが理想です。この理想は、純粋無垢な意識のレベルでのみ達成されます。なぜなら、その他のレベルでは二元性が存在しており、その二元性のために、私たちはそれぞれの利益を追求しようとし、そこに「私」と「あなた」との対立が生まれるからです。

開かれた意識を持つと、あなたはこの二元性を一つに統合するための近道を行くことができるでしょう。それにつれて、自動的に自己同士の対立が解消されていきます。

変化や順応を受け入れられない

これまで見てきたように、順応は肉体に自然に起こることです。細胞が生き延びるためには、あらゆる瞬間のメッセージに反応していなくてはならないからです。その働きの上にあって、私たちの心は、この瞬間を快適に生きていません。体の半分を一枚の葉の上に置いたまま、もう半分を新しい葉の上に到達させようとするシャクトリ虫のように、現在を生きるために過去を頼りにしているのです。この方法は、あなたが技術を覚えなければならない場合には有効かもしれません。ですが、たとえば車の運転を毎日復習しなくてはならないと決めるのは無意味なことでしょう。たしかにあらゆる知識は積み重ねの上にあります。新しいことを知る上で、あなたはこれまでの知識を基にすることでしょう。

問題は、心理的な部分にあります。過去の心の傷、痛み、屈辱、失敗、障害などが現在の問題と深く関係していると過去の経験が「教える」とき、過去はあなたにとって敵になります。

大部分の人は、順応できることの価値を知っています。なにかの集まりで、わざわざ私は頑固だと宣言する人はほとんどいないでしょう。人々は順応するために口先だけでいいことを言います。そうして、依然として過去に基づいた決定をしているのです。このことは、あなたの開かれているはずの心の陰にかたく閉ざされた心があることを意味しています。

閉ざされた心は、かたく握り締め、硬直した拳ではありません。自分の意志で開くことができます。心のなかのなにかが、心を閉じなければならないとあなたに言うでしょう。あなたになにも影響を与えるものがないときには、なぜ閉じなければならないのか理解するのは困難です。あなたが、人種的、民族的、宗教的に偏見を持っていない場合、偏見が無意識に起こるものとは容易に理解できないように。

選ぶことは、選べることとは異なります。現実そのものが偏見によって影響された結果、異なった人種、異なった宗教、異なった民族的背景からやってきた人物のたんなる外見が、偏見に満ちた考えを抱かせるのです。同じようなやり方で、私たちの心では過去と現在の融合が無意識に起こっています。さらに油断ならないのは、それが新しいという以外に理由がないのに、新しい考え方を脅威だと思わせ、柔軟性のない考えが脅威を防ごうと壁のように働くことです。古いやり方を捨てることが、個人的な敗北や、敵に弱点をさらすことと同一視されているのです。

解決法：つねに現在の自己のレベルから生きていかなくてはなりません。あなたの過去を消し去ることはできませんし、誰もが記憶という重荷を引きずっています。たとえ、なんとかあなたが過去の心の痛みや失敗の記録を完全に消すことができても、その記憶を自ら失ってしまうことは不可能です。しかも、記憶を失うことは情緒的な教育、個人的な成長など、いままで積み重ねてきた知識、過去の建設的なことをも同時に失うことになってしまいます。良かれ悪しかれ、記憶はあなたの個人としての自己に編み込まれているのです。

幸いなことに、本当の自己は個人的な経験から逃げる必要はありません。本当の自己はそれ自身の内に存在するもので、純粋無垢な意識の「乗り物」です。

あなたの意識が拡大するにつれ、過去の重荷は軽くなっていきます。あなたは、自分がごく自然に現在を見つめていることに気づくでしょう。あらゆる創造的な可能性があらわれるのは、今この瞬間からなのです。

コントロールの喪失

コントロールというものは厄介なものです。なにもかもをコントロールしようとする人たちは、ほんのわずかな無秩序や不完全な状態にも満足できません。彼らは、他人や自分の周囲の状況を支配しようとしすぎているのです。

逆に、コントロールしたがらない人々は、自制心を無視して、境界や骨組みをほとんど持たない環境をつくり出します。それぞれやり方は違っても、両方ともが閉じられた意識のあらわれです。

あらゆる問題は、自己のコントロールが失われたり、支配的になり過ぎたりしたときに起こります。ほとんどの人々は、自制心をなくすような選択は絶対にしないでしょう。それは、ある人にとってはパラシュートをつけて飛行機から飛び降りるような行為かもしれませんし、他の人にとっては、油田のようなリスクの大きい事業にお金をつぎ込む行為に等しいかもしれません。

リスクとコントロールは密接に関連しています。リスクに対するあなたの忍耐力が限度を超えたとき、いったいなにが起こるのでしょうか。リスクは恐れに変わり、恐れによって、もはや自分をコントロールできないと思ってしまうのです。あなたの意識が縛られれば縛られるほど、リスクに関する自分の感覚は信用できなくなっていきます。したがってあなたは、少しのリスクでも過剰に恐れを感じてしまい、結局は狭い領域のなかですべてを決めなければならなくなります。

逆説的ではありますが、無力であると感じているときこそ、あなたは無鉄砲に行動する傾向にあります。なにも決めないでいるストレスから逃れたいためだけに行う衝動的な決断は、たいていはよくない結果をもたらします。

解決法：リスクを確かなものに置き換えましょう。なにかに脅かされているのでなければ、コントロールを失うという不安を持たなくてもいいはずです。自分自身を信頼できれば、外的な脅威はもはや存在しません。脅威とは恐れであり、自分が何者であるかを知ることが、なにに対しても恐れずにいられるということだからです。

あなたが何者であるかとは、つまり本当の自己に気づくということです。開かれた意識は、あなたを本当の自己へと導いてくれます。そうすれば恐れもなくなっていき、コントロールについての問題も少なくなっていくことでしょう。あなたはそこで、広がった自由を経験します。たとえそれまでと同じように、現実が自分のコントロールできる範囲を超えていても、そこに加わることを快適だと感じるようになるのです。

他の人からの反対

あなたが誰の話に耳を傾けるべきかわからないとき、間違った決定が下されます。あなたが誰を信用すべきかわからないとき、最悪の決断が行われます。部屋には、いつも争っている声が聞こえ、たとえ意見の一致をみたとしても、それがいつまで続くか怪しいものです。本音で話してもいないのです。

著しく異なった意見に直面すると、ほとんどの人は自分に賛成する意見を選ぶでしょう。あなたが誰かに真剣にアドバイスを求めたときを振り返ってみてください。あなたが求めていたのはたった一つ、あなたの行動を後押ししてくれる賛成意見だったことがわかるでしょう。あなたは最善のアドバイスをもらいたかったのではなく、疑いや恥ずかしさ、罪悪感などの気持ちを含んだ選択を、気持ちよく行いたかっただけなのです。

閉ざされた意識は孤立しています。プライベートな思想や信念といったものはもっと孤立しています。孤立状態であることで、他の人々が遠くにいるように感じます。あなたは彼らに触れることもできず、交流する方法を見つけることさえできないのです。

最も一般的な例は、十代の若者たちです。子供時代の依存性から、大人としての自立へと移るにつれ、彼らは自分たちを親から切り離します。大人と子供の中間で宙ぶらりんになっている青年期のあいだ、同年代の仲間以外は誰一人自分の味方ではないと思い込んでいます。老人の孤立も、「誰も私を理解してくれない」という態度において、青年期の若者と似ています。年をとった人が青年期の若者にとって唯一の逃げ場になることがある理由がここにあります。

解決法：あなた自身を完全に理解することです。誰かに完全に理解されたいと努力するのは、まったく無駄なことです。あなたについてほんの上っ面のことを知る以外、この世界の誰一人として、あなたがどこからやってきたのかというところまで理解する時間はありません。たとえばあなたが、世界で最も共感できる人間と時間を過ごしたとして、あなたのすべてを詳細に理解してくれようとした相手は、いったいなにが得られるというのでしょうか。その人は、間に合わせの古い経験と、ぼろぼろでくだらないもの、そしてでたらめに積み上げられた過去によってつくられた一人の人間について、たくさんのくだらない知識を持つことができるだけです。

あなた自身を理解するということは、本当の自己について知ることです。そうして得られた知識から、あなた自身に対する完全な信頼がもたらされます。ひとたびその状態になれば、他の人の意見を恐れずに考えることができ、過度の偏見を持つことなく、正しく考えるように導いてくれる、信頼できる心のガイドを持つことになるでしょう。他の声はより静かになって、闘争心らしきものは消えてしまいます。

開かれた意識へと意識を広げることによって、あなたは正しい選択とつながります。他の人はそれを感じて、あなたに快く協力してくれることでしょう。

隠れた個人的な思惑《おもわく》

大部分の大人は、誰かがある思惑を持っていると判断できるだけの経験を持っています。ふつう、そういった思惑は予測可能なものです。そこには、与える人と受け取る人、野心的な人と臆病な人、利己的な人と無私の人など、さまざまな関係があります。私たちが自分の思惑を鮮明にすることは、社会にとっても極めて重要です。さもなければ、不信や疑いが膨れ上がってしまうでしょう。あなたが他の人々の動機を信用できなければ、協力しようとしてもうまくいきません。

心の底にあるあなた自身の動機は、自分の欲しいものを手に入れ、自分の夢を現実にすることです。

問題は、思惑によっては、それを持っている本人にすら隠されている場合があるということです。私たちは、「しなければならない」と「したくない」のあいだでとらわれています。もしあなたが、だれかに好かれなければならないとか、どこかに所属しなければならないと思っているなら、この「しなければならない」という言葉が、あなたにどれだけ強い影響を与えているかに気づいていないのかもしれません。

たとえば、あなたが従業員を一人解雇するように頼まれたとき、小遣いをせびる成人した子供たちの要求を断るとき、同性間の結婚についてマイノリティな立場に立ってしまったとき、あなたの「したくない」という隠れた思惑は、できる限りこうした行動を難しくしようとします。

あるいは、守銭奴とか、いつもけちな人を考えてみてください。彼らの心の内部の隠れた部分には、なにかが足りなくなってしまうという恐れがあります。しかし、その恐れに立ち向かおうとしないため、代替としてお金に汚い行動が演じられているのです。どんなにお金を貯め込んだり、どんなに倹約しても、足りなくなることについての恐れを埋めることはできません。問題は心理的なところにあって、物質的な面にはないからです。あらゆる隠された思惑は心理的なものであり、それがどのような思惑であろうと、閉じられた意識から来るものであるかぎり、過った決断を導くものなのです。

解決法：個人的な思惑を手放しましょう。この「手放す」という行為には、あなたの思惑をまず光のもとへと連れてくることも含まれます。それから、その岩のような思惑をひっくり返して、下に隠れているものを調べなければなりません。隠れているのはおそらく恐れに間違いないでしょう。人の意識を固定してしまう最も強力な力が恐れです。問題から逃げ、壁をつくって、自分を守ろうと働きかけます。

しかし、意識を広げることで、隠れた思惑を手放すのははるかに容易になります。思惑を光のもとへ連れてくることは、闇と戦うよりずっとすぐれたことです。本当の自己とは光の源であり、それはすぐに手の届くところにあると気づかなくてはなりません。

イエスの教えである、「あなたは世の光である」という言葉以上の真実はないのですが、光は私たちの外側からやってくるものだと信じるほうが、より簡単に思えてしまいがちです。自分の光の部分を求めるのは、闇の部分を求めるのと同じくらい難しいことだからです。しかし幸いなことに、光は時間を超越しています。たとえあなたが光から顔をそむけても、あなたの本当の自己からのメッセージはけっして止まることなく送られ続けています。

究極の成功とは、光のなかで永久に生き続けることです。そこには、凝り固まった境界も、恐れも、制約もありません。この世のすべての存在と同じく、私たちの生涯の目的は、自分が何者であるかをはっきりと理解することなのです。内なるあなた自身の存在が確立されれば、成功を阻んでいた闘いはゆっくりと消え去っていきます。そして、あなたが子供を笑顔にしたとか、海に沈む素晴らしい夕日に感動したとか、ほんの些細な成功を得た経験のすべてが、あなたが真実の成功に近づいていることに気づかせてくれますし、あなたの源であり、かつて経験したあらゆる幸せの源である純粋無垢な意識に近づいていると気づかせてくれるのです。

個人的な成長

本当の自己に近づくにつれて、あなたはたくさんの利益を手に入れます。これまで私たちは、ずっとスピリチュアリティの実用的な面に焦点を合わせてきました。現実に人々が直面している問題を解決することが重要だったからです。しかし、もしあなたが、幼い子供を育てている親であるなら、実用に即した、歩くこと、話すこと、読むことについてばかり心配するのは、近視眼的な考えかたと言わざるを得ません。私たちはよちよち歩きをはじめたばかりの幼児に、「しっかり歩きなさい。将来、仕事に行くためにバスを追いかける必要があるかもしれないんだから」とは言いません。幼年期から少年期へ、青春期から壮年期へと成長することは、それ自体がとても貴重なものです。大人になるにつれて、人生はあらゆる面で豊かに発展します。そうして、心の内と外の世界は、生活というプロセスに調和していくのです。

スピリチュアリティには、あらゆる実用的なものを抜きにした、それ自身の価値があります。あなたが一人きりで、なんの問題にも危機にも直面していないときには、解決は必要ありません。ですが、スピリチュアリティの必要性は、ますます大きくなっていると言えるでしょう。

自分が存在している意味はなんだろうかとあなたが考えるときは、本当の自己があなたに呼びかけているときです。そして、あなたが実際に誰であるのかを語ります。そのこと以上に価値のあるものは、この世にありません。これはかなり思い切った断言であると私にもわかっています。

「私とは誰なのか」という難問を無視したままでも、有益な生涯を過ごすことはできます。もっと正確に言うと、人は、日常の自己と本当の自己を同一視することによってこの難問に答えたつもりになっています。そのとき、「私は○○です」という言葉には、通常の生活で当てはまる数え切れないほどの言葉を入れることができます。私は、私の仕事であり、私の人間関係であり、私の家族であり、私のお金であり、私の財産であり、私の地位であり、私の名声です。この方程式には、人種や民族的な背景、政治的な立場、宗教なども加わります。日常の自己は、あなたがこれまで経験したあらゆる考え、感情、記憶、夢がぎっしり詰まった、膨らんだスーツケースのようなものです。

しかし、それほどまでに膨大であるにもかかわらず、日常の自己は本当の自己にまったく触れることはありません。魂、本質、源、その他どんな名前で呼ばれようとも、あなたの一番奥にあるあなた自身は、個人的な成長なしには姿をあらわしません。スピリチュアリティは自発的なものです。そして、現代では大多数の人が、意図的にスピリチュアリティから離れています。

今は、スピリチュアリティから離れないために実践的な理由を取り扱うべきでしょう。それは、本当の自己がなにを成し遂げられるか見つけるためだけではなく、本当の自己が、それ自身の価値を見つける必要があるかどうかを知る時期でもあるからです。

高尚な理想も、私たちが必要としているものではありません。私たちに必要なのは、本当の自己を経験し、次のように言うことです。

「私は日常の自己よりも、本当の自己を選びます」

新しい種類の自尊心がそこに示され、より高い種類の愛があらわれるでしょう。本当の自己を一度でも経験できれば、生活の浮き沈みや悲しみ、心配、落胆などがつねに伴う壊れやすい幸福よりも、ただ存在しているだけで感じられる無上の喜びのほうを誰もが選ぶでしょう。

日常の自己は、すでに経験であふれています。より深いレベルに到達するためには、あなた自身をより高いレベルへ押し上げなくてはなりません。次の項で述べるような成長ができるよう、日常的に自身を導かなくてはならないのです。

本当の自己への道

- 成熟――自主性のある大人に成長すること
- 目的――ここに存在する理由を見つけること
- ビジョン――生活の指針となる世界観を選ぶこと
- セカンド・アテンション――魂の目で見ること
- 超越――たえず変化する心や五感を超えること

・解放――「現実という幻想」から自由になること

これらの分野であなたが成功するかどうかは、あなたが真剣にそうなることを望んでいるかどうかによります。個人的な成長には、ピアノの弾き方や、フランス料理の作り方を学ぶのと同じ要素が必要です。すなわち、願望、動機づけ、実践、繰り返し、そして訓練です。

あなたが変えることを望んでいるのは、あなた自身の人生です。一世代前には、個人的な成長についてこういった話をするのは稀なことでした。「あなたの本当の可能性を見つけること」は、「自己発見」という言葉と同時に、キャッチフレーズとして突然あらわれたのです。しかし、キャッチフレーズのどちらかでも、その目標への到達方法を示してくれたでしょうか。意欲的に取り組んだであろう人たちは、自分を変えられたのでしょうか。悲しいことですが、答えはノーです。

成功を見つけるためには、気まぐれ、幻想、わがまま、動機の喪失といったことから自分を守る手段を習慣として身につけなければなりません。その手段とは節度です。節度は、真剣な意志と現実主義の組み合わせから成っています。それは開かれた意識の状態であり、あなたが育て、磨き続けなければならないものなのです。あなたが実際になんの行動もしないでいたら、すべてはありふれた日常に埋もれ、閉じられた意識の状態に留まってしまうでしょう。

では、先にあげたリストのそれぞれに焦点を当ててみましょう。

成熟

ここで言う成熟とは精神的な状態のことで、肉体的な状態を指すのではありません。成熟は、感情のバランスが取れていること、自立、中庸、洞察力があることといった性質を含んでいます。子供のうちは、これらの特質を持つことを期待されませんし、若者たちは、自分たちの行きたい方向にばらばらに動くばかりです。成熟について成長できないままだと、十五歳の心で世界を見ているうちに、気がつけば五十歳になっている可能性さえあります。

日常生活が求めるものは、成熟に不利に働く傾向があります。あまりにもたくさんの娯楽や抑圧があるため、いつもそれらを成長しない言い訳にしてしまうのです。

あなたは、今や社会が成熟の価値を低く評価しているとさえ言うかもしれません。マスメディアは、年齢が若いことや、今どきの流行ものはなによりもすばらしく楽しいものだという幻想をつくり出しています。それに比べて、仕事に遅刻しないように行くとか、書類の仕事を終わらせるために残業するといったことは、死ぬほど退屈なことに思えるでしょう。若年期は、人生のどの段階よりもストレスや不安が多いものです。

未熟さは、若いときには輝いて見えますが、年を経るごとに褪《あ》せていきます。未熟のままでいることによって、人生を自分のものにするための発展の機会が失われることになるからです。

成熟という言葉は、一見スピリチュアルには響かないでしょうが、もしスピリチュアルなやり方が成熟した心理状態に基づいていなければ、それは儚《はかな》い夢としてすぐに消えてなくなってしまいます。

◎成熟に到達するために日々実践すべきこと

・自分自身に責任を取る。
・他人に依存せずに生活する。高い倫理観を持って、基本単位である自分の家庭をまとめることからはじめ、社会全体をまとめる役割を果たす。
・人に尊敬をもって接し、人からも尊敬を受けるようになる。
・どのような状況においても正直に振舞い、正義のために働く。
・自制と冷静沈着の価値を理解する。

目的

ほとんどの人は、自分が目的のない生活を送っているとは思わないでしょう。たしかに、私たちはでたらめに足を動かしているのではないし、人生には短期的な目標と長期的な目標がきちんとあります。しかし、深い心のレベルでは、なぜ自分たちはここにいるのだろうと疑問に思っているのです。よきクリスチャンである、神の法則に従う、社会階級にうまく溶け込む、国を守るなど、既存の目的がそれだけで人生に十分な意味を与えていた昔を人々はなつかしんでいます。

現在では、私たち一人ひとりが新たに人生の目的を見出さなくてはなりません。ですが、ここで「昔はよかった」と思うのは見当違いです。これまでもずっと、人生の真の目的は個人的な探求を通してのみ見つけられてきたのですから。

私は、傾注する価値のある目的として、本当の自己を見つけることを提案しましたが、それだけでなく、成長と発展の過程で、あなたは簡単に目的を見つけることができます。そしてその目的は、悟りを得るくらいに深遠なものであるかもしれません。

あなたは、他の人から「君の人生の目的はかくかくしかじかであるべきだ」という言葉を聞いて、それを疑わしく思ったなら、それはとても健全なことです。人が受け入れるべきものはインスピレーションであり、それはまた、人が与えることのできる最高のものでもあります。要は、その目的がどんなものであろうとも、目的を意識し続けていることが大切なのです。

日常生活は、日々こなさなければならない現実的な要求で私たちを圧倒し、私たちがここに存在するための目的を不鮮明にしてしまう傾向があります。目的は、それにいつも気をつけていることによってのみ生き残ります。

◎目的に到達するために日々実践すべきこと

・少なくとも一つ、無私の心でなにかを行う。
・気持ちを高揚させるような経典の一節、詩、感動を与える散文を読む。
・共感できる人物と理想を共有する。
・いろいろな人の考えを受け入れながら、自分がここに存在するための目的を表現する。力で相手を説得するのではなく、控えめに影響を与えること。
・自分の子供たちが自らの目的を見出せるように導く。子供たちに、目的を見つけることがどれほど重要なのかきちんと教えること。
・いつも自分の最も高い価値観から行動する。
・自分を批判したり反対したりする人々のレベルにまで自己を下げないこと。

ビジョン

私は若いころ、祖父母の時代にはほとんど誰もが知っていた詩人、ロバート・ブラウニングの詩の一節を暗誦していました。その詩は「人は自分が手にするものを超えるべきだ。でなければ、天国は何のために存在するのか」というものです。

宗教的な文脈は今では色あせてしまったかもしれませんが、それでも、偉大なものや価値あるものを切望する気持ちは必要なことです。そういった切望は、本当の自己のビジョンに語りかけます。もちろん、法律事務所の共同経営者になるとか、十億ドル稼ぎたいという願望のように、本当の自己のビジョンとは関係のない現実的な願望もあるでしょう。

物質的な願望が心の表面を占めている場合は、たとえその願望を達成しても、天国のような、その他どのような高い見地にも到達できません。日常生活と魂とのギャップはますます広がるばかりで、別のなにかに対する憧れは満たされないのです。

このビジョンは、あなたの持つ目的よりも広範なものです。それは世界観を含み、行動を伴います。そのため、同じビジョンを共有していない人たちの世界観とは、一線を画すことになります。スピリチュアルな道を歩むことは、あなたと、明確なビジョンを持った他の世代の人々とを結びつけます。しかし、あなたは同時に二頭の馬に乗ることはできません。物質的な生活へのさまざまな要求をあきらめなくてはならないでしょう。でもそれは、快適さや成功をあきらめることではありません。

あるビジョンでは、物質主義は魂の敵であり、世俗的なものとスピリチュアルなもののあいだには大きな隔たりがあると考えられています。しかし一方で、物理的になにかを捨てることなしに物質主義を捨てることを目指す別のビジョンもあります。そこでは、スピリチュアルな成長に最高の価値を置きながら、毎日の生活を全力で維持し、こなしていくこともできるのです。このことは、あなたが世間のルールに従いながらも世間にコントロールされずに存在できることを意味しています。

◎ビジョンに到達するために日々実践すべきこと

・毎日の出来事について、それを超えたより高い意味を見ること。あなたの魂があなたに伝えようとしていることはなんなのか。
・自分の生活の中で、消費の習慣について考える。
・物質的な成功については、ほどほどをわきまえる。
・自分自身とともに時を過ごす。
・自分をサポートしてくれる宇宙や神を信頼し、そこに価値を置く。
・今この瞬間に感謝する。
・自分の周りにいる人々は、自分の心を映す鏡だと考える。
・自分のビジョンを表現している経典や文学作品を、深く読み込む。

セカンド・アテンション

この世に存在するということは、たんに理想を持つだけではなく、現実的でなければなりません。

この世界で、私たちは物質世界やその要求に巻き込まれています。生活費を稼ぎ、家族を養い、娯楽を楽しみながら、私たちはどのようにすればこの世界での生活をあるべき姿にすることができるのでしょうか。

その答えは、アテンションのレベルにあります。あなたが最も重要だと考えるものがあなたの注意を引きつけ、本質的にそれがあなたの世界となり、あなたの現実となります。職業に固執した人は、最も注意を払っているものが仕事であるため、仕事が彼の現実になります。信仰の時代にあっては、同じ理由で神が現実になっていました。人々は、必ずしも神に会ったり神を体験する必要はなく、それでも毎日、神への献身と奉仕に何時間も費やしていたのです。

このように、一つのことだけをひたすら目指すことを、スピリチュアルな表現では「ファースト・アテンション」(第一の注目)と呼びます。しかし、いわゆる「セカンド・アテンション」(第二の注目)として知られる別の意識も存在します。つまり、魂の目で見ることです。簡単に言うと次のようになります。

ファースト・アテンション(第一の注目)

このレベルでは、人々は物質世界の出来事に集中し、個人的な欲望を追及し、家族、仕事、祈りについての社会的な価値観を受け入れ、原因と結果で動いている直線的な世界を認識し、時間と空間の壁を受け入れています。

セカンド・アテンション（第二の注目）

このレベルでは、人は物質世界を超越し、直感や洞察に従い、魂こそが自分の基盤であることを受け入れ、時間を超越した自分の源を求め、より高い意識の状態を目指します。そして宇宙と個人をつないでいる目に見えない力を信じます。

セカンド・アテンションは本当の自己とつながっており、あなたを現実の本質へと導いてくれます。この本質はけっして破壊されることはなく、完全に抑制されることもありません。魂は、黙示録的な終わりを通してではなく、一人ひとりの覚醒によって復活することを望んでおり、そのときを待ち続けているのです。

◎セカンド・アテンションに到達するために日々実践すべきこと

・自分の中の最も静かな部分からのメッセージが真実であることを疑わず、そのメッセージに耳を傾ける。
・物質世界への信頼を減らし、自分の内的な世界をより信頼する。

・精神の統一を学ぶ。意識が集中していないときに意思決定をしないこと。
・熱狂的な行動を、魂のより深いレベルから来た結果の行動であると間違えないこと。
・少なくとも誰か一人と、魂レベルで親しくなる。
・自分自身及び自分の周囲との、沈黙のコミュニケーションを求める。
・自然の美しさを感じ、自然のなかで時間を過ごす。
・表向きの仮面の奥にある、その人の本質を見る。
・できる限りシンプルに、あなたの本心を周囲に示す。

超越

「超越する」という言葉は、ある範囲を超えるという意味ですが、あなたがそれを超えたかどうか、実際にはどうやって知るのでしょうか。

このことをよくあらわした、ある物語があります。私が子供時代に聞いた話です。

ある聖人が、悟りという目標に達成できるまで、洞窟に座っていました。彼はある日、自分が悟りを得たと思い、さっそく渓谷の下流に住む村人たちにそれを告げようと、せわしなく山を下りていきました。道中ずっと、聖人は無上の喜びを感じていました。寺に行く途中の市場を歩いているとき、ある人が偶然、聖人にぶつかってしまいました。

「どけ！」

聖人は、怒ってその人を怒鳴りました。

そこで彼ははたと立ち止まり、少し考えてから向きを変え、再び彼の洞窟へ戻っていったのでした。


この話は、間違ったうぬぼれについてのたとえ話ですが、超越についてのたとえ話でもあります。もしもあなたが実際に本当の自己を確立していれば、日常のバカ騒ぎがあなたを動揺させることはありません。超然とした態度でいても、それは無関心なわけでも、ぼんやりしているわけでもありません。

スピリチュアルな意味で、超然とした態度とは、時間を超越した場所から世界を見ることです。その場所は、遠くの山の洞窟のなかにはありません。その場所はあなたの心のなかにあるのです。超越とは、そのような場所を見つけ、その場所を理解し、その場所を自分の心の家にすることです。

超越のために昔から伝わっている方法が、セカンド・アテンションへと導きます。具体的には、瞑想、観想、内省などの方法があります。どんなに時間がたっても、これらの方法は色あせず、けっして時代遅れになるものではありません。しかし、現代社会はますますストレスが増え、日常生活が騒がしく、その速度を増すにつれて、瞑想するための時間が少なくなっていることは否めません。一日にたった数分間、瞑想のための時間を取ろうとしても、時間はあっという間に過ぎ去ってしまい、抱いていたはずの高い志は忘れられてしまいます。

外部のものが気を散らすせいで、個人的な成長が達成されない場合、それはとても悩ましいものです。しかし、個人的な成長は、本来破壊され得るものではありません。延期されるだけです。本当の自己がそこにあるかぎり、私たちはそれに引きつけられます。なぜなら、私たち一人ひとりが心の奥底で、本質に対する憧れを抱いているからです。

私たちは、幻想の上に人生の基盤を置くべきではありません。そして、超越へのプロセスは、体系化されたスピリチュアルな実践を行うことでもありません。より大きな幸せや、満足感を求める、自分自身の自然な意思に従うことが、幻想を打ち砕くために必要なのです。スピリチュアルについての実践は、自分が求めるものを得るための助けとなってはじめて価値を持つのです。

私は、真の瞑想は一日二十四時間行われるべきものだという考えに賛成です。日常生活のなかで一息つく時間をつくり、静かに座って、心の深いレベルを経験するのもとても価値のあることです。しかし一方で、そのあと目を開けて、リフレッシュされ、より気持ちが集中したのに、すぐにまたストレスや緊張のなかに放り込まれる、そこに大きな効果が生まれるでしょうか。

大切なことは、内なる静寂を現実世界にどのように持ち込み、どのように自身に違いをもたらすかです。それには、四六時中、ずっとかかりきりになる必要があります。なぜなら、あなたが実際に誰であるか、いつも気づいているための取り組みだからです。それはまた、喜びに満ちた仕事でもあり、ことによると、あなたが自分のために引き受けることのできる、最も魅力的なプロジェクトかもしれません。

◎超越に到達するために日々実践すべきこと

・気持ちを集中させる。
・自分の注目を引こうとしている外部の影響に注意する。
・強い感情や衝動によって自制心を失ったときには、自分を取り戻すための時間をつくる。
・できるかぎりストレスの多い状況を避ける。
・自分を失うほど不快な状況に留まらないこと。
・他人の心配事に振り回されないようにする。
・自分自身とは、ただ環境に反応するだけのものではなく、それ以上のものであると心に留めること。あなたはつねに本当の自己の発現なのです。
・混乱した状況のなかでも、「私のここでの役割はなんだろうか」と考え、それを見出すまで、行動したり、決定をしないこと。現実が本性をあらわしはじめるまでは、ゆっくりしていること。

解放

スピリチュアルな世界では、創造とは、善と悪、光と闇、秩序と無秩序など、正反対の性質の絶え間ない活動だと言われています。それは最終的に、幻想と現実とのあいだで演じられます。すばらしい一日を過ごそうと目覚めたとき、幻想のなかにいたいとは誰も思わないでしょう。私たちは、自分たちの個人的な現実が真実であると思い込んでいます。自分たちが見て、聞いて、触り、味わい、そのにおいを嗅ぐすべてのものが、もしかするとただの幻想かもしれないと知れば、困惑し、わけがわからなくなってしまうことでしょう。

現代科学は、すでに物質世界を解明する根本原理を明らかにしています。あらゆる物質は、原子より小さいレベルを徹底的に調べると、目に見えないエネルギーの塊になります。そして、そのエネルギーの塊さえも、時間や空間の境界を持たない、いわゆる波動関数という概念になります。

あなたが現実に根ざした生活を送ろうとするとき、物質世界が一つの幻想に過ぎないという事実を、たんなる奇妙な話として片付けてしまうことはできません。それは、あなたがいつも行う習慣的な行動を無視するわけにはいかないのと同じです。

心の奥深くにまで到達すると、物質は消え、時間や空間もなくなります。時間や空間は、もともとはなにも含まないように見える空洞、量子真空から生じています。量子真空は、ビッグバン以来あらゆる事象の源として働いており、さらには、宇宙にまだあらわれていない無限の可能性をも秘めています。世界中で昔から伝えられるスピリチュアルな伝統においても、その無限の可能性は、はるか彼方にある想像を超えたものではなく、存在の基盤をなしているものなのです。

本当の自己があなたの限界をなくし、あなたを解放します。それは、時間を超越し、境界がなく、無限の可能性にあふれた現実をあなたに教えてくれるでしょう。もしあなたが自由でありたければ（自由については、本書の後半で詳しく述べます）、幻想と現実についての問題はすべて、自分自身で考えなければなりません。

最初の一歩は、幻想から目覚めることです。距離を置いてものごとを考え、あなたは、自分の存在の基になっているものについて無知であると認めるのです。知らないという事実に身をゆだねることによって、あなたは流れ込んでくる知識を受け入れることができます。身をゆだねることの意味はそこにあります。

あなたは、小さな窓から入ってくる光に照らされた四方《しほう》の壁をじっと見つめている囚人のようなものです。自分が刑務所にいることを認めることができれば、囚人は現実に向き合っていると言えるでしょう。

しかし、もし認めなかったとしたらどうでしょうか。そして、自分のいる独房が全世界だと考えていたらどうでしょうか。彼の自由という概念は正常でなくなっているに違いありません。

同じような結論が、制約された生活をしている私たち一人ひとりにも当てはまります。でも私たちは、自分をおかしいとは思っていないでしょう。結局のところ、私たちは、閉じ込められている状態を正常なこととして受け入れているのです。そんななかで、聖人や賢人、預言者といったわずかな集団だけが、自由に対して大きな叫びを上げています。あなたがその叫びを聞いたときこそ、変化がはじまろうとしているときです。時間が存在しないことが現実であり、あなたの五感が感知する以上のものが現実です。解放はたしかにそこにあります。

◎解放に到達するために日々実践すること

・制限された状態を超えて見る。
・原則として、自分が宇宙の子供であることを受け入れる。
・自由だと感じ、元気づけられ、束縛から解き放たれたと感じる、その瞬間の気持ちから離れないようにし、本当の現実に触れたことを自分に言い聞かせる。
・当然の権利として、喜びや創造力、そして愛を求める。
・未知なるものを追い求める。
・五感の届く範囲以上に限りなく尊いものが存在することを知る。

誰かが次のように異議を唱えるかもしれません。

「私はいつになったら変われるのでしょうか。しなければならないことはどれも大変で、数が多すぎます」

そうですね。私もそう思います。個人的な成長のために計画を準備してみると、その全体像があまりにも広大に見えるでしょう。

インドでは、古くから、悟りの状態を、黄金の神殿に引っ越すようなものだと言います。黄金の神殿は、無上の喜びと自由をもたらしてくれるとわかっています。しかしその一方で、古い現実を取り除くことは、今住んでいる部屋を解体するようなものであり、あなたの周りの壁が崩れるにつれて、パニックや恐怖が襲ってくるのです。

周りを見回してみると、世界がそこにあるように見えるでしょう。たしかにそれは現実ですが、それは本当の自己が欠けた現実です。あなたが探求を終えたとき、改めて周りを見回すと、再び世界が見えるでしょう。そのときこそ、あなたは完全に目覚め、本当の自己のなかに確立されます。

本当の自己に出会うまで、人生は混乱し続けます。でも、あなたはいつか必ず本当の自己を手に入れるでしょう。

うまくいっているときには、まるで上の階の誰かがあなたを見守っているかのように展開します（実際は、あなたが自分を見守っているのですが）。かと思えば、スピリチュアルな生活が夢のように突然消えてなくなるときもあります。そうなると、あなたは多くの人々と同じような苦悶に陥ります。

なにがあなたをそうさせてしまうのでしょう。

子供たちが、どうやって成長していくかを考えてみてください。いい日もあれば悪い日もあり、笑顔と涙を経て、ようやく隠されたものが明らかになってきます。人生を表面的に見ただけでは、誕生のときに与えられた未完成な物質から、一人の新しい人間をつくるために、神経経路、遺伝子、ホルモンなどがいっせいに集まってくるという物語は知らないままです。

自然が私たちの成長を守っています。スピリチュアルな成長は、すべてが決められたレールの上を流れるだけだという決定論とは異なります。運命は生物学ではないのです。あなたは発展することを選ばなければなりませんが、それもまた自然なことです。その発展が肉体から心にシフトしようとしているのなら、心は、あなたがどのように発展するかを決めなくてはならないのです。

人生にどんなに浮き沈みがあっても、発展することは難しくありません。あなたが尋ねる必要があるのは、たった一つのことだけです。

「もし私がXを選んだとしたら、それは私を発展させてくれるだろうか、それとも逆だろうか」

あなたは、そのような質問を嫌がるかもしれませんね。目の前の楽しみや衝動に対して、なにも考えずに従うことのほうが魅力的に思えることが多いでしょうし、たとえ答えを得たとしても、それは気に入らないかもしれません。発展は、たいていが利己的なものではないのに、私たちは貪欲に、死に物狂いで自分だけに集中するように条件づけられているからです。

こういった障害物は、本当はどれもたいした問題ではありません。抵抗や失望、後戻りすることも問題にはなりません。あなたが、「もし私がXを選んだとしたら、それは私を発展させてくれるだろうか、それとも逆だろうか」と尋ねることができれば、あなたはたしかに、自由に向かって歩いているのです。偉大な英知を持つ指導者は、失敗など実際にはありえないと断言するでしょう。あなたが、自分自身に対して、自分は発展しているかどうかと問いかけること、それが発展そのものなのです。

第三章　親愛なるディーパック様　～一問一答～

実生活で問題と取り組んでいる人と直接つながりを持てることは、私にとってはなにものにもかえがたい貴重な宝です。

本書は、世界中の人々から送られてきた手紙から発展したものですが、この章では、その手紙のなかからいくつかを選んでご紹介します。

どの書き手もさまざまな困難に直面しており、ほとんどが、自分たちではその問題を解決できないと感じています。私の回答はいつも、問題の解決法はけっして問題と同レベルのところには存在しないという原則に基づいて、質問者に新しい視界をひらいてもらうことを目的にしています。

愛されないと感じること

私は自分の人生をよりよいものに変えようと、一生懸命努力してきました。ですが実際には、物事に問題がないときでさえ、ずっとマイナス思考で対処しています。私は自分自身を憎み、人々が私に示してくれる愛情さえも嘘ではないかと考えるようになってしまっています。自分の人生で、私は多くのことを克服してきました。しかし、このマイナスの思考パターンが私の人間関係に影響を与えています。私は自分をどう扱ったらいいのでしょうか。どのように変われるのでしょうか。

——イヴリン、四十三歳、トロント

あなたが話していることは、あなたが育ってきた過去の状況と関係しています。あなただけでなく、私たちすべてが育った環境から影響を受けています。たとえあなたの受けている影響が、過去の感情の負い目やカルマからのものであっても、その作用は同じです。

新しい経験が心に入ってきたとき、あなたは、その経験そのものを評価するかわりに、昔の経験だけを思い出し、実際の経験を脇へ押しやっているでしょう。これは無意識にそうしているのです。たとえば、過去に「誰からも愛されない」と刷り込まれ、その気持ちが条件づけられてしまったとします。すると、現在、誰かがあなたに「愛しているよ」と言ってくれたとしても、あなたはその言葉に対してではなく、愛について過去に抱いた疑いや不安感、過去のネガティブな経験に対して反応するようになってしまいます。新しい経験が古い経験に消されてしまうのです。

では、私たちはこの古い条件づけからどのように抜け出せばいいのでしょう。私は、この問題にたいして、これは「粘着質なへばりつくもの」だという見かたで何度も対決してきました。古い昔のあるひとつの記憶だけが、しつこく自分にくっついて離れない。しかもその記憶はどこまでもついてまわり、振り落とそうとしても消すことができない……。過去のひとつの経験をそんなにまで貼りつかせているものは、いったいなんなのでしょうか。私たちがそれを取り除くことができれば、おそらくいろいろなことがより容易になるにちがいありません。

では、愛されないと感じてしまう問題について続けましょう。

あなたがいつも愛されないと感じるのは、その気持ちがあなたにくっついて離れなくなっているからですが、そこには以下のような特徴があります。

1　影響力のある誰か（通常は両親）が、あなたに向かって、「あなたは愛されていない」と言った

その人はもうあなたに影響力を持っていません。あなたは、かつてはその人の言うことをきかなければいけない子供だったかもしれませんが、今はそうではないのだと認識しなくてはなりません。

その人の言葉に従おうとするよりも、まずあなたがしなければならないことは、その人が、実際に愛されていた人なのか、そうでなかったかを考えることです。そしてその人が、世界で一番愛されるようなかわいらしい子供に対して、はたして愛を与えられたかどうか考えてみてください。

あなたが事実だと思っていた情報が実際にはまったく信用できないものだとしたら、なぜそのような情報をまだ信じようとするのですか。

2　愛されることが恐ろしかった

安全に恐れを乗り越えるひとつの方法は、貧困にあえぐ子供に手を差し伸べることです。その子からの喜びと感謝を通して、あなたはなにに脅かされることもなく、純粋無垢に愛されている自分を見つけられるでしょう。

愛されることで最も恐ろしいものはなんでしょうか。拒絶ですか。それとも、本当のあなたが明らかになって、自分に価値がないと相手にわかってしまう、そう感じることですか。

これらの質問を避けずにじっくり考えてみましょう。最初は一人で、それから、あなたが信頼している親友と一緒に。

3　愛ははるか遠く、ずいぶん昔のことに思える

後悔の念の原因を調べてみましょう。後悔には二つの面があります。持ち続けたいと思う心地よい物悲しさ、一種のノスタルジックな面と、自らを傷つける自滅的な面です。その自滅的な面が、愛されること、そしてときにその愛を失うことが、けっしていいことではないとあなたに告げるのです。愛についての経験が、つらく痛みを伴うものだったとき、それは二度と誰も愛さないための口実に変わり、後悔が恐れを隠すための仮面となります。

あなたの後悔をよく見据え、それを捨て去ることです。

4　愛がネガティブな感情と結びついている

感情とは、すべてにおいて最も強い接着剤であると認識してください。

私たちが強く感じたことは、取り除くことのできない記憶となって残ります。その記憶を拭い去るためには、もう一度、感情を通して働きかけるしかありません。ネガティブな感情とも正面から向きあわなければならないのです。向きあうときのコツは、感情を追体験しないことです。追体験を避けるために、優秀なカウンセラーやセラピストの助けを借りてもいいでしょう。

あなたが隠しているままのネガティブな感情と、あなたから去ろうとしているネガティブな感情の間には大きな違いがあると知っておいてください。つらく感じていた経験を捨て去ることを、自分に許してあげましょう。

5　記憶が確信になってしまった

なにごとも普遍的に考えないことです。私たちは誰もが自分の最悪の経験を人生の規範にしていますが、そのような確信は間違っています。十歳のとき、校庭のいじめっ子があなたの毎日を惨めにしたからといって、世界があなたをのけ者にするということにはなりません。最悪の別れであっても、それはあなたが永遠に愛されないことを意味しません。あなたの最もネガティブな確信を見つめ直し、もはや存在していない悪い経験から生まれた確信を解いてください。

あなた自身が指摘したように、あなたの現在の生活はよくなっています。あなたを傷つけているのは、間違った確信に基づいた人生についての解釈なのです。

6　電気の柵《さく》には触れられない

ある感情があまりにつらくて、それを見つめることに耐えられないとき、それはまるで電気の柵のように働きます。その感情に触れることは、本来であれば真の解決につながることですが、痛みの予感が人を怖気《おじけ》づかせるのです。いずれは、その柵に触れても大丈夫だとわかるでしょう。しかし、それまでは少しずつ努力しなければなりません。もし、あなたが心のなかで恥ずかしさを感じたり、両親があなたを虐待したり、あなたの信頼を裏切ったりしたことがあるなら、そのとき、愛は電気の柵に変わります。楽しい感情であるべきものが、苦痛と混ざったものになります。あなたが苦痛なしに愛情に触れることができるためには、二つの感情のもつれが解かれなければなりません。

このように苦しんでいることにあなたが自ら気づいたとき、あなたはきっと専門家の助けを求めることでしょう。

7 「私はこうでなければならない」

多くの人が、「私たちは変わることができない」という声が自分にささやいていると信じています。人は惰性を選びがちですが、そうした考えは押し付けられたものだったことを考えてください。大切なのは、あなたが選択の自由を取り戻すことです。自分の、簡単に変えることのできない考えによく注意してください。

まず座って、この問題をあなたの問題ではなく、友人の問題として取り組んでみましょう。考え得る最も客観的で素晴らしいアドバイスを書いた手紙を、友人に書いてみるのです。友人には、いつでも変えられる選択があることを伝えましょう。

次に、その変化を引き起こすための具体的な道筋を伝えましょう。すぐに答えが思いつかないときには、変化について書いてある良い本を調べたり、そこに書かれたアドバイスを採用するとよいでしょう。

これらの道筋を通してあなたが古い条件付けに取り組むとき、過去からの解放が可能になります。自分自身を深く掘り下げることは、けっして容易なことではありません。そこには、古いトラウマや傷が隠れたままでいます。しかし、もしあなたが理性的に、忍耐強くこの計画に取り組むなら、光をもたらし、闇を一掃することができるでしょう。

一生懸命働いたのに報酬がない

私は、有能で学歴もあり、資金調達の分野でキャリアを積んできた女性です。政治家、教育団体、芸術関係などのために、数百万ドルもの資金を集めました。しかし、自分自身は、その努力の結果を示す一ペニーすらも手にしていません。預金がないため、五年間も税の申告を正式に行っていません。さらに、昨年は抵当流れのために我が家を失いました。いったい、この日の当たらない暗い人生は、私に何を教えようとしているのでしょうか。

――レイチェル、四十一歳、フロリダ

正直なご質問に感謝します。そして、ご自分の陰の部分、無意識な心の闇の部分が、あなたになにかを伝えようとしていることに気づかれたことをお祝いします。あなたは、他人を責めたり、運命や悪運による被害者意識になることもありませんでした。（もちろん、これらすべての感情は、心の深いレベルではたびたびあらわれていたことでしょう。）

お話から察すると、あなたは生まれながらの助力者です。自分では損失を被《こうむ》りながらも、他人により幸せな状態を与えることに成功しています。たいていの人にとって、慈善行為は家庭からはじまるものですが、いったいあなたのような行動をとるのはなぜでしょうか。考えられるいくつかの答えがあります。当てはまるかどうか、一つひとつを慎重に検討してください。

・あなたは、自己犠牲は美徳の一つであると考えている。
・あなたがどんなによい仕事をしたかを証明するために、十分な報酬で報いてくれる仕事を望んでいる。
・あなたは、慈善の仕事を一種の苦しみとみなしている。そして、それがあなたの心にかなうことでもある。
・他人を助けることによって、自分自身を見つめることを避けていた。
・自分のすぐれた実績が、あなた自身が取り組まなかった問題を解決してくれることを願った。
・自分が面倒なことになっていることを知っていたが、現実に直面したくなかった。
・あなたのコントロールを超えた、思いがけないことが起こった。

これらのうち、どれがあなたに当てはまるかによって、メッセージは変わってくることになります。しかし、私はあえて一般的に当てはまるように言うことができます。すなわち、陰は、いつも同じことを行う、ということです。ここでいう陰とは、あなたを幻想の霧のなかに閉じ込める存在のことです。私が今あげたリストは、実際には、霧のかかった幻想のリストなのです。陰は、あなたが最も恐れているものの戸口まであなたを連れていきます。しかし、あなたがその存在に直面せずに霧のなかに留まり続ければ、もっと深刻な状況に陥ります。

あなたが自分の状況に気づき、現実に直面したとき、より健全でポジティブな意識の側面があなたを助けにやってくるでしょう。現在の悪い状況にかかわらず、このポジティブな側面があなたにも存在することを私は断言します。これからの生き方として、自己欺瞞よりも望ましい、現実と向き合うために実行できるすべてのことが、正しい方向への一歩となるでしょう。

なぜ私はここにいるのですか。いったいどんな意味があるのですか

私たちは、神からのスピリチュアルな宿題を地上で果たすために生まれているのでしょうか。もしそうならば、私たちがその宿題を果たさないとどうなるのでしょうか。そのスピリチュアルな宿題と、人生の目的や天職との違いはなんですか。人が神とのつながりを失ってしまうことがありますか。もしそうなった場合には、再びどこかで神とつながれるチャンスはあるのでしょうか。一人の人物が一つ以上の夢を持つことは普通のことですか。

――アフロディテ、四十九歳、テキサス州ダラス

あなたは一つの質問ではなく、ねじれて、もつれた質問をしています。このねじれ、もつれをもたらしているのは、あなたに自信がないことです。あなたは、目的を見つけたり、なにかに没頭するのが難しいと思っていませんか。容易に推論に流れ、すべての質問に対してあまりに多くの面を見ることで、あなたのなかから、なにかをしようとする緊急性が消えてなくなっています。

私が言いたいのは、あなたが本当に答えを求めているのかどうか、ということです。あなたは、答えのない質問をしているほうがより幸せなのではありませんか。そういう人もいるのです。そういう人たちは、現実生活に対する要求を主張するよりも、ファンタジーや白昼夢、受動性を求めています。

あなたの質問の詳細については、何人かのスピリチュアルの教師が明言しています。すなわち、私たちは新しく生まれ変わる前に魂の契約をしており、その契約を実現することがこの世での存在の中心になる、ということです。

では、人生の目的は、どのようにして見つけられるのでしょうか。それは、あなたの自然な気持ちに従うことによって、です。もしあなたが自分自身とつながっていて、自分自身の願望が導くところに喜んで従うなら、あなたにとって正しいことがあなたから隠されることはないでしょう。

しかし、多くの人は、これを不明確で当てにならない考えだと思っています。彼らは、唯一の目的を持つということを真面目に考えず、慣習的な基準をもとに安全な生活を維持しているのです。でも、だからといって高位の力があなたを罰することはなさそうです。魂の契約という概念が確かなものであっても、それはたんなるあなた自身との合意にすぎません。

最後の質問について——。一つ以上の夢はあり得るでしょうか。もちろん、あり得るでしょう。でも、あなたが尋ねるべき本当の質問は、あなたが自分自身に失望しているかどうか、についてです。それ以上に重要なものが他になにかあるでしょうか。もしあなたが失望しているのでなければ、あなたは正しい道に従っています。もし失望しているのなら、一つの選択に直面しています。

あなたは、自分の失望感とともに生活し続けることもできます。もしくは、自分のこれまでの経緯を振り返り、いったんはあきらめた心の願望を再びはじめることもできます。

そういった状況で、私は自分がするであろうことがわかっていますし、あなたもまたそうであろうと思います。

重荷に耐えること

十七年前、先天性の障害を持った可愛い娘を出産しました。私の気持ちは、もうすっかり落ち着いたと思っています。しかし、自分の苦しみをただ隠してきただけではないかと恐れてもいます。これまで私は三人の子供を育ててきましたが、子供たちを医者やセラピストに連れて行き、家事をこなすことで精一杯でした。そのため、自分がやりたくてできなかったことすべてに対してやりきれない、つらい気持ちでいっぱいになっています。以前は粘り強く、回復力のある人間でしたが、今はまったく元気を取り戻すことができません。太り過ぎで、家は散らかっており、この状態から抜け出せるとは思えません。

——クリスタ、四十四歳、ニューヨーク

あなたの状態に対する解決法はあります。あなたはそれらを真剣に受け止め、行動をはじめなければなりません。

私が提案する基本的な原則は、「幸福とは、あなたが毎日を幸せにすることによってつくられる」ということです。あなたは、障害を持って生まれた娘さんのことを長期間考えなければなりませんが、そのことを強迫観念にしてしまっています。あなたが書いたような大変な状況は、今ここで解放されなければなりません。ここに、あなたの毎日を少しずつ幸せにしていくためのステップを書いておきましょう。

ステップ1

家をきれいにし、外にあるごみも取り除きましょう。無秩序に散らかった状態を眺めて気持ちを落ち込ませる必要はありません。もし自分が惨めだと感じたら、家の仕事をやることです。あなたは、肉体的にポジティブな方向に動いていく必要があります。

ステップ2

本当に楽しめるなにかをするために、毎日一時間は取っておきましょう。この時間をけっして省略してはいけません。この大切な時間を、食べること、料理すること、テレビを見ることに使ってはいけません。あなたが求めているのは、心のなかの創造的な満足感です。

ステップ3

毎日少なくとも一時間、できれば二時間ほどを、他の身体障害児の親たちと接触する時間にしましょう。電話相談やEメール、オンラインのブログなどでサポートグループを探すことです。研究では、そうした個人的なつながりが幸せのカギとなる要素であることがわかっています。

私はいつも、友人や家族との接触を持つための余裕をつくるようにしています。それも役に立つのですが、あなたの場合には、あなたと同じ経験をしている他の人々からの同情やサポートを受けることが重要です。

ステップ4
もし治療が娘さんをより悪い状態にしているならば、その治療を止めて、別のところに連れて行ってください。熟練した治療師なら、娘さんを助けることができます。きちんとした専門の治療師を見つけること。そして、根気よく治療を続けることです。

ステップ5
自分の絶望感に集中して取り組むこと。私は今、実際的な原因について話していて、精神的な原因についてはあまり話していません。あなたは、なによりもまず、娘さんの未来が絶望的であると感じているため、望みをなくしているように見えます。それは否定的な考えであり、憶測であり、事実ではありません。誰も未来を予知することはできません。あなたの娘さんがすばらしい未来を持っていると信じることによって、やがてはよい機会が広がることを発見するでしょう。しかし、それが実現する前に、じっくりと、娘さんについて絶望を感じさせる十のことを書き出す必要があります。現在の状況から抜け出すために、あなたがとることのできる現実的な手段を書き添えましょう。

あなたは今、脅迫的で、暗く、困難な、本来なら必要のない重荷に耐え続けています。

解決のカギは、そうした闇から抜け出た親たちを見つけることです。彼らと同じように行動することによって、あなたもその絶望感から抜け出ることでしょう。昔の活発な自分は死んでいません。それはただ、あなたが取り除くことのできる悲しみや無力さの覆いの下に隠されているだけです。

自分の人生にもっと多くを期待しなさい

私は、自分の人生の目的を求めて、これまでの人生を見つめ直しましたが、結局目的など持っていないのではないかと悟っただけでした。おまけに、長年同じ会社で働いた後に失業して以来、なおさら人生に対して疑問に思っています。それぞれの人生が本当に特定の目的を持っているのですか。（どうぞご心配なく。あなたの答えに大きな啓示を期待してはいません。あなたもただの人間なのですから）

――デボラ、六十一歳、ペンシルベニア州ピッツバーグこれが啓示になるかどうかわかりませんが、あなたの人生の目的を、そんな小さなことに求めるのはやめることです。ずっと同じ会社で働いていたことは、あなたの高揚感や期待感を鈍くしています。あなたもかつてはそうした感情を持っていたはずだと私は確信していますし、その感情をよみがえらせることもできるでしょう。その秘訣は、それらの感情を覆い隠していたものの下を覗いてみることです。あなたはその下になにを隠してきましたか。私の場合は、困ったときに備えてしまい込まれた夢や、希望の小さな種《たね》を持っていました。

口紅で、鏡の上に「また雨の日がやってきた」と書いてみると、あなたの状況を理解しやすいでしょう。

あなたは今、満足感が他のなにより大切な時期にいます。あなたには、まだこれから二、三十年の人生があり、あなたのなかにある種の幾つかが芽を出すには十分な時間が残されています。それがどういう種なのか私にはわかりませんが、その種が存在していることは確かです。

善か悪どちらかを選ぶこと

いったい誰が、あることが道徳的だとか、不道徳だとかを決めるのでしょうか。私の考えでは、道徳に反することでも、ある人にとっては完全に許されるのかもしれないと思っています。

——グルプリート、二十六歳、インド

あなたの質問が、言いたいことを言えていないのはよくわかります。どうやら、ある特定の道徳的な問題で窮地に立っているようですね。あなたは、自分の選択が不道徳であるかどうか、他の人に非難されるのではないか、ということを知りたいのだと思います。でも、問題の真実を話したくないというのは、その時点ですでにやましい気持ちがあるのです。

この問題については、多くの人が同じような苦境に立たされていますので、道徳的な決定の仕方について一言述べさせていただきます。なにが物事を道徳的（善）または不道徳的（悪）にするかという普遍的な問題を扱うよりも、より実際に役立つだろうと思います。

さて、二元論的な世界では、光と陰、善と悪との関係は、永遠なるものにその根源を持っていると言われます。創造はそこから生み出され、私たちは、この相反する要素の関係に捕らえられています。本質的には宗教的な事柄ですから、宗教心があれば理解しやすいと思います。あなたは、信奉している宗教体系を参考にし、すぐれた人物の生き方とその教えに従うこともできます。

もしかすると、あなたは願望と自制心の間で悩んでいるのかもしれません。つまり、なにかをしたいと思っているけれど、そのしたいと思うことに罪悪感や恥ずかしさを感じているのかもしれません。浮気をしたくなる既婚者は、そのような悩みを経験します。社会では、そのような願望や誘惑は悪であり、避けるべきものだと言います。結婚に貞節を保つことは善であり、尊重されるべきだとも言います。

もしあなたが社会の判断を尊重し、立派な人物として見られたいのなら、正しい選択ははっきりしています。ほとんどの日常生活は、願望と自制心とのバランスで成り立っていますが、社会システムのなかで成功裡に暮らしている人たちは、衝動のコントロールの仕方を知っています。

私の唯一のコメントは、立派な人間であろうとし、それを選ぶことは一つの願望であり、それゆえに、その選択は善悪には関係ないものだということです。

選択は、そのほとんどが、つかの間の衝動と、もっと「大人の」願望とのあいだにあります。願望を激しく非難しても、それがその人を道徳的にはしません。なぜなら、それはその人たちを願望から離れさせるだけだからです。

もっと大人になると、正しいとか間違っているという判断を、善悪で判断しなくなるまで成長できるようになります。社会的な非難を恐れることなしに、心の指針がそのように選択ができることに気づくでしょう。厳しい規則や指示に縛られる必要はありません。たとえば、死にいたる病の痛みを軽減するために、患者の死をアシストすべきか否かを決定する立場の医者は、非常に個人的な考えに基づいて決定するでしょう。前もって決まった答えはありません。

社会は、選択に自由があり過ぎることを認めません。誰かが、自身の悪い行動を「他の人にとって不道徳でも、私にとっては道徳的です」と言い訳することは容易です。それは自己中心的な正当化であって、より高いレベルへの進化とはいえません。より高いレベルへの進化は存在し、より高い意識の世界では同一性が差異を超えて広がっていくことを、世界の書物は私たちに語っています。言いかたを変えれば、邪悪さを非難する代わりに、悪事を働く人に思いやりを持つようになり、許すことを実践するのです。

以上、これらのコメントが、いくつかでもお役に立てればと願っています。

キスの仕方の記事

朝、新聞を見ると、違ったタイプのキスについて書いてある記事を見つけました。私は、ティーンエイジの娘がその記事を読むのを恐れて、その新聞を隠しました。私は正しいことをしたのでしょうか。

――シプラ、四十六歳、インド

どうぞ闘いを続けてください。ただ、次のことを知っておいてください。もし不適切な印刷物を若者の目に届かなくすることが、彼らに正しい道を歩ませられるなら、出版社は一晩のうちに仕事がなくなるでしょう。そして、それでも世界では、ティーンエイジャーがキスの仕方を学ぶ印刷物で溢れていることでしょう。人間の性質とはそのようなものです。

人生に責任を持つこととは?

私は毎日目が覚めると、一日を精一杯生き、感情や恐れに自分が邪魔されないよう心に誓います。延期していたことを行おうとし、気になっていることを誰かに話そうとします。しかし、入浴し、朝食をとると、とたんにやる気がなくなります。私は、どのように私の人生に責任を持てばいいのでしょうか。また、恐れの気持ちに負けている私をどのように変えられますか。

――マリサ、十九歳、南アフリカ

あなたが「責任を持つ」と言うとき、あなたは実際には問題の解決ではなく、その障害について考えています。そして、人生の試練に立ち向かうための努力や意志、不屈の精神が必要とされる状況に備えようとしています。

それと同時に、あなたは、非常に困難な障害に立ち向かおうとするとき、当然のことですが、最も抵抗の少ない道を選ぼうとしています。同じ態度が、たとえば、多くの人を過食にします。他の方法は努力や苦労が多すぎるからです。「それをするのは明日にしよう。それまでチョコレートケーキを食べて過ごそう」となるわけです。

解決するためには、あなたの抵抗感をもっと楽に乗り越えるようにすることです。もしあなたが、恐れを含む人生の課題に情熱とエネルギーで立ち向かうことができるのなら、なんの問題もありません。一晩で理想を達成することはできませんが、その必要もありません。毎日建設的な一歩を進むことで十分ですし、実際には十分以上の成果です。

私たちが心のなかで出会う抵抗の大部分は、古くて時代遅れの習慣や惰性です。それらを克服することが、闘いの半分以上を占めているのです。

ここに、私が考えているいくつかのステップをあげます。

ステップ1

ぐずぐずと引き延ばす癖に気をつけましょう。それは身についた習慣ですが、なぜいつまでもその習慣にしがみついているのでしょうか。理由は簡単です。楽しくないことを先延ばしにするのは、そのこと自体がある種の「解決」をもたらすからです。「去るものは日々に疎《うと》し」に似た、不十分な解決です。

先に延ばした物事は、実際には心から消えません。心のすぐ表面に残っていて、私たちをたえず悩ませ、心配しなくていい状態にはなりません。引き延ばすというこの癖は、自分の本当の友ではないことを、しっかり心に刻んでください。

問題を直視し、自分自身に満足を感じた過去のあらゆる瞬間を思い出しましょう。物事を引き延ばすことがけっして「いい感じ」ではないことを実感しましょう。放り投げてしまうことは、問題が自然に解決するだろうという希望的観測に基づいています。私を信じてください。どんな結果であっても、ただ待っているよりは行動したほうがいいのです。長く待てば待つほど、あなたの心は最悪のシナリオをたどることになるでしょう。

ステップ2

よい一日をどのように過ごすかというリストをつくりましょう。朝一番に、その日食べようと思うもの、行う予定、支払う予定の請求書類を書き出しましょう。このリストを、一日以上の範囲で作成してはいけません。その日のぶんだけです。

また、このリストに、少なくとも一つ、これまであなたが先延ばしにしていることで、達成したいと思っていることを加えましょう。そして書くときに、自分の心地よさの程度をチェックします。リストにあるすべてのものは、当然同じ結果をもたらすべきです。そうすれば、あなたは今日をよい一日だと思うことでしょう。

ステップ3

作成したリストを実行しましょう。そして、一つひとつを達成したらチェックしましょう。そのとき、あなたがどう感じるかも確かめてください。疲れたり、退屈だったり、なにかネガティブな感じで終わったなら、リストを修正する必要があります。

このリスト全体の目標は、あなた自身にとって新しくて快適な場所をつくることです。その場所は、満足感と達成感に基づいています。満足感と達成感は、あなたの人生が対処可能であるときにのみ起こります。一日が大変な状況で、消耗しているときに、幸せな人はいません。

あなたが物事を引き延ばす癖を変えなかったら、やり残されたことはどんどん積み重なり、行動をはじめるまでこの悪循環から抜け出せません。でも、いったんあなたがいい気分で課題に取り組めることを学んだなら（事実、課題に取り組むことは気分を爽快にします）、心のなかで、「延ばしなさい、もう一日延ばしたところで誰も困りませんよ」とささやく声も、あなたを説得する力を失いはじめるでしょう。

スピリチュアルな道の行き詰まり

私は二十年間スピリチュアルな旅を続けてきて、たくさんの異なったアプローチ法も学んできました。私は、精神的な進歩を信じるよう、他の人々を勇気づける仕事をしています。しかし現在は財政的に困窮し、お金に困っています。これは、信じることについてのスピリチュアルなレッスンなのだとわかっています。でも私は行き詰まり、それを乗り切ることができそうにありません。

——バーニス、六十三歳、ノースカロライナ

第一に、これはまたとないチャンスなどではありません。自分にプレッシャーをかけることによって、あなたは助けや支援のルートをふさいでいます。

私は、けっして神秘主義者ではありません。スピリチュアリティとは意識に関するものであり、

経験という神妙な領域は、意識を広げることによって開かれるものです。逆に、あなたの気づきを妨げたり、恐れとともに生ずるものはスピリチュアルであるとはいえません。あなたが愛することや信じることを望んでいることは認めますが、それと同時に、強い本能があなたを心配や不安に導いていています。これが、あなたが手紙に書いている二重ガラス（訳者注：これは「Ask Deepak」の元の手紙に出てくる言葉）です。

ここで、「スピリチュアル物質主義」について話をさせてください。この話は、私たちの多くに当てはまると思うからです。

私たちが、神や魂に「お金を持ってきてください」とお願いするとき――通常は「たくさん」という意味をもっと丁寧な言葉で隠して付け加えますが、そのとき、スピリチュアリティは、お金を得ることと使うことのレベルまで自身を下げてしまいます。これが、スピリチュアル物質主義です。

お金、地位、財産、さまざまな世俗的な事柄で自分を守りたいと思わせる不安感は、すべてエゴのレベルから生じています。たしかに、経済的に自立することは重要です。でも、もしあなたがある基準に従って生きたとして、そのために神がよりたくさん与え、従わなければ少ししか与えないということはありません。神が、誰が言うことを聞かないか、誰がすぐれた人物なのかを確かめながら、すべてを見渡して判断することはありません。

では、なぜ多くの人がそのような考えに陥るのでしょうか。理由を見つけるのは難しくありません。私たちは物質的な社会に暮らしており、とりわけアメリカではセーフティー・ネットもほとんどなく、特に厳しい状況にあるからです。繁栄と成功の陰には、もしあなたが破綻しても誰も助けてくれないという恐れがあります。そして、神については、まるで万能の救援施設のごとく、貧乏人や弱者を救ってくれると単純に思いこんでいるのです。たとえ多くの祈りに回答が与えられなくとも、人々は希望的に考えることに固執しています。神は子供たちを見張っている、と言われれば、子供時代からずっとそれを信じる以外に方法はありません。

結局は、こうしたことすべてが、スピリチュアリティをすべての人が歩かなければならない道にしている理由です。この道のみが、心の内側に導くのです。しかし、それは欠乏を豊かさに変えてくれる窓口には導いてくれません。

私は、自分があなたに冷水《ひやみず》を浴びせかけているとわかっています。ですが、幻想を信じることをやめれば、そこには真実の空間があらわれます。現実は、お金やどんな物質よりもずっと大きなものです。

スピリチュアルな道を歩むにつれて、あなたは本当の自己を見出すでしょう。その発見が深まるにつれ、平和と安全は、あなた自身の永続的な側面となります。これまでは、恐れがあなたの本当の自己を隠していました。あなたのエゴが、進歩を外的状況によって測るようにそそのかしていました。

しかし、本当に重要なのは、考え方をスピリチュアル物質主義から切り替えることを認める、そのプロセスです。開かれた意識によって、これまで知っていた以上のものを人生が与えてくれることがわかるでしょう。私は、ある人物が、将来裕福になるか、貧乏になるかを予測することはできません。しかし、運命論者にさえならなければ、人生のプロセスを信じていいのです。この世界には、あなたにとって適切ですばらしい場所があります。意識がその場所を受け入れるまで十分に広がれば、その場所はあなたの前にあらわれます。

独裁的に支配する母親

私は一人っ子です。そのため、六年前に母が重い病気になったとき、我が家に引っ越して一緒に住むことになりました。幸いなことに、母は以前よりはずっと快方に向かっていて、まだここに住んでいます。ただ、私が自分の人生の選択をしようとすると、母はいつも私に否定的なことを言うのです。私たちは、いまだかつて尊敬の気持ちを持った大人の親子関係になったことがありません。以前は彼女の威張りちらす態度にも我慢していましたが、なにも状況は変わりません。今では、平和な状態を維持するためにさまざまなことをあきらめています。母は、私を一人の子供としては愛しているのかもしれませんが、一人の大人として愛しているとは思えません。この状況で、私になにができるでしょうか。

――テリー、四十歳、サウスカロライナ州チャールストン

この問題で孤独を感じてはいけません。多くの成人した娘たちは、あなたと同じ状態にいます。あなたは、解決すべき問題を、一つではなく二つ持っています。解決するには、まず問題のもつれをほどくことです。

問題1　あなたの、母親への精神的な依存
問題2　あなたの母親の、ナルシシズムと自己中心性

これら二つの問題がもつれ合っているために、解決するのが難しくなっています。しかし、二番目の問題はわかりやすいでしょう。お母さんはわがままで、自分本位の人です。彼女があなたを気づかう場合、それはたんに彼女自身を気づかう反映でしかありません。彼女が第一に考えるのは、「この状況を私はどう思うか」です。あなたが異性や仕事、靴などを選ぶときでも、それがあなたにふさわしいかどうかにはあまり関心がありません。彼女は、自分自身のイメージとうぬぼれた自

己意識にのみ関心があるのです。

この問題はあなたの問題ではないので、あなたには解決できません。あなたがお母さんの言いなりになり続ける限り、彼女は自分の問題を隠し続けるでしょう。そして、それが問題であることを否定し続けることによって、自分のナルシシズムを「解決」していくのです。

もしも彼女が利己的でなくなれば、自分が持ち続けている悪い影響に気づくことでしょう。そしてあなたの感情を理解し、自分を看護してくれたあなたに感謝し、すぐにあなたの家から立ち退《の》くでしょう。でも、彼女は一切そういったことをしません。ですから、あなた自身の人生を取り戻すためには、お母さんの感情を考慮に入れる必要はまったくないのです。

次に、一番目の問題ですが、あなたの依存性、現代的な特殊用語で言えば「共依存」は、もっと難しい問題です。クモの巣に捕らえられ、自由になろうともがいているハエの場合と、クモの巣に捕らえられたと主張する犬や猫であるあなたの場合とは、まったく違います。犬猫であれば、自由になりたいと思えば、容易に自由になることができます。

そこで、なぜあなたがお母さんから自由になろうとしないのか、本当に自由になりたければ直ちに行動に移すはずだ、という大きな疑問が生じます。靴のなかに石が入ったときに、痛みに快感を覚えるか、殉教者のように苦しみたいと思うのでなければ、誰もそんな痛みを我慢しないでしょう。

依存性は、子供が愛情を必要とするところに根ざしています。健全な子供は、依存性を脱して成長し、「私は愛されている」と実感します。一方、依存的な子供は、親にへばりついたままで、「自分はお母さんが愛してくれたときだけ愛されている。さもなければ愛されていない」と言います。この根源的な原因が解消されるまで、依存性は他の分野にも広がっていくことになります。すなわち、賞賛、成功、安心感、個人的な達成などは、あなたの自尊心に基づくよりも、他の人が言っていることに基づくようになるでしょう。

あなたが「共依存」についての本を読むことは、とても役に立つと思います。自分自身を現実的に見ていると感じたら、共依存の問題を扱っているグループを探しましょう。あなたは、あなた自身を救い出してくれる助けが必要です。

あなたのお母さんはパワフルな人です。彼女はあなたを引き寄せ続ける方法を知っています。覚えておいてください。あなたが自由になるときに、あなたはお母さんを本当に愛することができるのです。追い込まれていると感じたり、自分を苦しめるものを愛するふりをするよりは、ずっとましなことです。

中毒者の親として

薬物依存症である成人した息子を持つ親として、感情的にどのように対処したらよいのかわかりません。息子が薬物を使っているときや生活が混乱した状態のときでも、彼のことが私の心を占めないようにするには、どのようにすればよいのか。私は今、「破滅する」という感覚に襲われています。私はこれを、スピリチュアルな観点から対処できるでしょうか。他の親は、私が感じているような心痛や心配を、どのように手放しているのでしょうか。

――ベルナデット、六十一歳、ミルウォーキー

親子関係について詳細に説明するには何日もかかりますが、あなたは今、自分が息子さんを助けることができないという罪悪感、心配、失望などの感情を、自分から分離できるかという点について尋ねています。スピリチュアルな言い方をすれば、これは愛着に関することです。つまり、あなたは、あなたから独立している人物と自分とを同一視しているのです。あなたは、自分と息子さんとの境界をほとんど失っています。愛着は、息子さんの支離滅裂な生活を、たえずあなたに心配させます。そして、彼の痛みを自分のことのように感じさせているのです。

ただし、私は、母と息子とをつなぐ愛情のこもった感情移入を批判しているのではありません。あなたは、次のようなステップを通して、深刻な影響を与えている愛着を乗り越えることができます。

1　愛着が建設的でないことを知ってください。それは誰も助けません。有能なセラピストは、患者と距離を置こうとします。距離を置くことが、セラピストたちに明快さと客観性を与え、そのことによって彼らのスキルが最も効果的に使われるからです。

2　あなたの愛着があなたを傷つけていると知ってください。あなたの気持ちが子供に向いていて、子供を近く感じても、あなたに最も近い生活はあなた自身のものであるべきです。悩みのために人生の大切な部分を犠牲にするのは、破滅的な行為です。あなたは自分自身を大切にし、自分のためによい生活を望まなければなりません。よい状態になれば、少なくとも、困っている人にもっと助けの手を差し伸べられるでしょう。

3　誤った期待、希望的な観測、けっしてうまくいかない、子供が拒否するような「解決策」を繰り返し続けるのはやめましょう。子供がノーと言ったとき、大人として、あなたはそれを受け入れることです。

4　あなたの心の傷を癒すこと。ほとんどの中毒患者は、自分の周りの人々のことを考える能力を失っています。彼らは、常習的に傷つけ、拒絶し、裏切り、秘密を持ち、約束を破ります。

病気がそのようにさせています。そして、そのようなネガティブな行動すべてが、あなたを傷つけています。親としての罪悪感のために、あなたをサンドバッグや踏みにじられるためだけの敷物に変えさせないでください。あなたが傷ついた場所で、あなた自身を癒してください。

5　親子の本来の関係を実現させてください。あなたはご主人のことに言及していませんが、まだ結婚していらっしゃるなら、彼とともに、あなたと息子さんとの関係を修復してください。これは一人で歩く道ではありません。子供はあなたにとって第一の関係ではないということをはっきりと理解してください。たとえあなたに子供だけしかいないときも、子供を第一の関係にしてはいけません。なぜなら、彼らはあなたを理解しないからです。あなたを大事に思ってくれる人を見つけなさい。子供は、間違いなくそんな存在ではありません。

6　従うべきビジョンを見つけてください。現在のあなたのビジョンは幻想です。適切な方法が見つかれば子供たちの人生を救うことができるだろうという間違った考えにしがみついています。どうか、成人した子供の人生の問題を解決するのは親ではないということを知ってください。それは同時に、あなたが「失敗した」のではないことを意味します。最初から実現不可能だったことは失敗できません。心は空虚さを嫌います。ですから、今、心配や罪悪感が存在している場所を満たすために、あなたには意味のある目標が必要です。

あなたがこれらのステップを真剣にはじめるならば、中毒者の人生の一部であることで定着していた自虐的な傾向からあなた自身の生活を救い出す方向に向かう、長い道のりに進んでいくことでしょう。あなた自身を発見するのに、遅すぎるということはけっしてありません。

ゲイであることは問題でしょうか

六歳の頃から、なぜか自分の気持ちが普通の人と違うことに気づいていました。私は今二十一歳です。そして「それ」が私の一部であることを認めています。「それ」とは、私が同性の人に興味を持つことです。私はクリスチャンとして育てられました。そのため、あなたには私の精神的な動揺が想像できると思います。子供の頃から、不幸にも、自分のこの部分を消し去りたいと闘ってきました。それが消え去らないとわかったとき、私は自分の人生に動揺しました。

今では、このように考えたり感じたりするのは、遺伝子的にプログラムされていたものだと確信しています。七年前、私ははじめてうつ病を発症しました。現在、再発を防ぐために薬物治療中です。私はどんな方向に向かっていくべきなのでしょうか。正直なところ、私は「同性愛者」である自分自身を憎んでいます。

――ルーク、二十一歳、シンガポール

急を要する問題は、性的な傾向ではなく、ご自身に対する判断です。あなたがゲイである代わりにハゲであったらと考えてみましょう。ほとんどの男性は、ハゲであることを気にします。そのことが、自尊心を失わせたり、自分は十分に男性的でないという気持ちにさせます。その状態を腹立たしく思い、他の人と比べて自分が人生に裏切られた気がします。でも、そのような自己判断を引き起こしているのは、実は「ハゲている」という事実ではないことを知って欲しいと思います。そういった自己判断は、非常に脅迫的で、コントロールできないほどになることもあるのです。

もちろん、社会的な側面もありますから、ゲイであることのほうがハゲているより受け入れがたいと思います。しかし、あまりにご自身を嫌悪してはいけません。あなたは、他の人々のネガティブな態度を受動的に受け入れています。宗教は社会の一部であるため、ある状態に宗教的な考えが入ると、別の非難になります。すなわち、キリスト教原理主義者にとって、ゲイであることは魂を危険にさらすことなのです。

さて、あなたが心のなかで感じている問題を、以下のリストにしてみました。深刻度の順に並べ、それぞれに特別な治療法を書きとめてみました。

1　孤独で、みんなと違っていると感じること

治療法：きちんとした自尊心を持つ他のゲイの人々と会い、ゲイの社交クラブに参加し、よいゲイの友人を一人つくりましょう。そして、本人はゲイではないが、ゲイを気にしない真面目な友人を一人つくりなさい。

2　自己判断と不安

治療法：あなたが得意なことを見つけ、あなたの才能を評価する人たちに加わり、あなたの感情を共有できる友人を見つけなさい。そして、あなたのお手本や、よき指導者となる人と友人になりなさい。

3　宗教的な罪悪感

治療法：現代的な信仰に関する本、またゲイを認めるような本を読みましょう。同じようにクリスチャンでありゲイである友人を見つけ、ゲイの宗教的な指導者を探し出しましょう。

4　性生活上の不満

治療法：セックス以外の、ハイキング、映画鑑賞、ダンス、趣味などの活動をしているゲイグループに参加しましょう。さらに、ゲイ解放運動の英雄や先駆者に関する本を読みましょう。性と愛とを結びつけることに成功した、強力なお手本になる人物と自分を同一視しましょう。

もっとたくさんの問題をあげることができますが、第一のポイントは、ゲイであることに対する自滅的な考えを少しでも減らすため、自分のことばかり考えないようにすることです。二番目には、アイデンティティを高めるために、外部との関係を利用することです。あなたはユニークな価値を持つ、ユニークな存在です。あなたがゲイであるという自己認識を持ったのが、遺伝子に起因しているのか、子供時代のしつけ方、素質、または幼い頃の行動に関係しているのかは問題ではありません。それは、今ここに生きるあなたの中心となるべき人生のチャレンジなのです。運命は、心の建設的な結果に正面から取り組み、立ち向かうことにより決まります。あなたにならできると確信しています。

うつ状態の夫

主人は、毎年うつ状態になり、症状は二ヶ月間ほど続きます。急にあらわれるうつ状態の引き金は、たいていが、家族の集まりとか友人たちとのパーティーです。主人はいつも、みんなと比べて自分が見劣りすると思うようです。ほぼすべてのことで、彼は自分を低く評価しています。私は彼を心から愛していますが、彼はうつ状態になると酒を飲みはじめるのです。友人たちは、私に家を出て行くよう勧めてくれますが、彼が一人で苦しむことを考えると耐えられません。一番大変なのは、彼の気分が回復したとき、精神療法を受けたり、本を読んだり、瞑想するのを嫌がることです。再びいつものように、次のうつ状態、また次も、その次も来ることが私にはわかります。私はどうすべきなのでしょうか。

――リーザ、三十八歳、アムステルダム

あなたの状態は、周期的なうつ病患者と暮らさなければならない人に共通したものです。私たちは、暗い絶望感と躁病の上機嫌とのあいだで変化する双極性うつ病を考えがちですが、うつのなかには、あなたのご主人のような、別の種類の周期もあるのです。

周期的うつ病では、患者が、周期のよい状態のときには、「私はどこも悪いところなんかないよ」と言うのも共通しています。彼らは、治療や予防法について耳を貸そうとしません。そして、彼らが落ち込んだ周期に入ったときには、多くの患者が、アルコールに頼って自分で治そうとする傾向があります。

私はなにも、あなたの困難な状況がたんなる一つのパターンなのだと言っているのではありません。普通の医者、たぶん精神科医でさえも十分な治療はできないでしょう。医者は、この状態を治療するのは難しいと考える傾向があり、行う治療法といえば抗うつ剤を与えるだけです。さらに残念なことに、ほとんどの患者は、よくなってくるや否や、薬を飲まずに捨ててしまいます。

では、なんとかあなたにコントロールできそうな部分だけを検討してみましょう。それは、あなた自身も加わることです。あなたの人生で、あなたがうつ状態の人を「助けている」という幻想を捨てること。あなたは現状維持を続けています。そのため、以下の本質的な質問に答えるのはあなたです。

1　これは解決できることでしょうか。
2　これは我慢すべきことでしょうか。
3　これは逃げ出すべきことでしょうか。

ご主人への愛情や忠誠心から、あなたは二番目を選んでいると思いますが、その気持ちが、あなたを彼のうつ病と共依存させています。私は、あなたが彼の状態への精神的な支援者であると言っているのではありません。むしろ、あなたが彼の要求に順応しており、その結果、順応が今でも続いているのです。それが、あなたが次の症状の発現を恐れ、発現のたびにあなたがさらに疲れたと感じる理由なのです。今度は、彼があなたの要求に順応するときです。彼が必要としていない援助を申し出る代わりに、あなたが実際に希望し、必要としているものを主張しましょう。できるかぎりうつ病については忘れることです。

でも、もし彼が衰弱性の慢性疾患を持っていたらどう対処するのか。次の事柄を考えておくべきでしょう。

・私は、一人であなたの問題すべてには対処できません。
・私のウェルビーイングも同じように大切です。
・私は心から同情していますが、いつもあなたの命綱であることはできません。あなた自身でも自分に気を配ってください。
・私は、病んでいないあなたと話をしたいのです。どうか私を助けてください。

・あなたがすべてを拒絶することに、私はもう耐えられません。私たちは、共通の問題を抱えています。
・私たちは、一度この問題について徹底的に話し合い、この問題について正直になり、夫婦として解決に向かってともに取り組む必要があります。その取り組みを通して、私たち二人は悩みを軽減する方法を見つけなければなりません。

私がお願いしたいのは、あなたがご自身の利益のために順応しすぎていたと気づくことです。私は、あなたが出て行くべきだというご友人の意見には賛成しません。あなたが、今の状態のままでこの問題から離れ、あなた自身のための時間を見つけることができると期待しているからです。あなたの友人の言う、「あなたの人生も重要だ」というのは正しいのですが、私は、あなたがご主人抜きではなく、ご主人とともにあなたの人生を改善することを望んでいます。そこにはバランスがなければなりません。現在のバランスは、彼や彼の生き方を大事にしすぎています。

信条を持った怠け者

私が抱えている問題は、働いたり、学校に行く必要がないと考えている十八歳の息子です。彼はただ「存在する」ことを望んでおり、「無策は最良の策」と言っています。息子のスピリチュアルな理想に反することなく、生きるためにはなにかをしなければならないと気づかせるためには、息子をどのように奮起させたらよいのでしょうか。

――キャシー、三十九歳、アイオワ州デモイン

あなたが解決に困っている問題は、残念ながら、読者に多くの失笑をもたらしています。あなたが尋ねていることは、両親を意のままに操る、甘やかされてわがままに育った子供についてなのです。十八歳になった若者は、自分の新しいアイデンティティを試そうとし、それらを捨てようとします。時間と成熟のみが、あなたの息子さんがどのような大人になっていき、人生でなにをするかを私たちに教えてくれるでしょう。

あなたはまた、細心の注意を要する重要な時期にいます。なぜなら、彼を子供のように甘やかし続けることはできないし、大人として期待することもできないからです。

しかし、それでも大人として期待する方向に進み続けてください。難しいことはわかります。この家族で、理想主義者なのは両親です。息子さんは、可能な限り依存したままできるあらゆることをやっているのです。少なくとも、あなた方は彼に人生の現実について知らせる必要があります。

すなわち、学校に行くことや、自立を教えることです。別の選択肢は、誰も幸せにしない、今のままの状態を続けることです。

魂の過密人口

魂はどのように増えるのかといつも不思議に思っています。もし実際に、私たちが生まれ変わっているのなら、新しい魂はどこからやって来て、どのようにしてこの地球で六十億もの魂になったのですか。

――サリー、三十二歳、メリーランド州シルバー・スプリング

この質問は、「間違えを見つけちゃったぜ」という心的態度から来ており、何度も質問されるので驚いています。懐疑論者は、「世界には、五十年前に比べて二倍の人々がいる。もし全員が魂を持っており、魂が死なないのなら、以前より多くの魂が存在するはずがない。だから、生まれ変わりは間違った考えに違いない」と言います。私は、あなたが好意的な気持ちで尋ねていることがわかりますから、ここに私の素直な考えを述べましょう。

第一に、生まれ変わりそのものについては、なにも検証されているわけではありません。おそらく、魂は、人類が洞察できないなんらかの秩序で送り込まれるのでしょう。もしかしたら、無限の絶え間ない供給があるのかもしれません。いずれにしても、魂の誕生の周期性は、私たちが関心を持つべきことではありません。私たちが知っているのは、私たち一人ひとりが、進化するために最善を尽くすべく、この地球にいることだけです。

第二に、エゴは、「私」とか、個々の自己という意味で考えることに慣れています。しかし、しばらくエゴという考えを脇に置いておきましょう。あなたの魂は、あなたの最も深くにある意識であり、あなたの気づきの源です。私にとって、意識とは単数であり、複数ではありません。

金の一片から、さまざまな金の装飾品がつくられ、一つの火種《ひだね》が、たくさんの炎をつくります。一つの海は多くの波をつくるでしょう。そのように、魂とは、一つの意識の動きと行動のパターンなのです。私たちがそれを「神の心」と呼ぼうが「創造の発生源」と呼ぼうが、この一つの源は、宇宙が生じさせるだけ多くの魂を生み出すことができます。それは、ちょうど海が、その力を使い尽くすことなく、わずかな波を起こすことも、多くの波を起こすこともできる、そのようなものです。

完全な意識というのは、二つの要素がある状態です。あなたはあなた自身を個人と見ていますが、魂という一つの大きな状態にも属しているのです。

不況による憂鬱

あらゆる悪いことが起こり、すべてが駄目になった年、その数ヶ月間に夫と私は別れました。私たちは破産し、仕事を失い、ワイナリーや蒸留酒製造工場も失ってしまいました。今、私は差し押さえられようとしている家に住みながら、シングルマザーとしてこれに対処しようとしています。私はもう五十歳になろうとしているのに、すべてを失ってしまったと思うことがよくあります。たいていは楽観的であろうとし、私の新しい旅は、人生の本当の目的を見つけるためのチャンスなんだと信じることにしています。私は、子供たちに不安のない幸せな未来を用意する以上に欲しいものはありません。人々は私のことが好きで、私のポジティブなエネルギーに応えてくれます。たしかに、私のために開かれたドアがあることはわかっています。私の質問は、どのようにしたらこのドアを開けたままにしておくことができるかということです。

——サラ、四十九歳、カナダ

あなたのお手紙が、多くの人の心に戦慄を走らせたものと確信します。最近の不況では、専門職の、それも熟練の域に近づいている年配の労働者が、気づいたら底辺まで落ちていたということがよく見られます。彼らは、仕事や家、貯《たくわ》え――働いているあいだに整える、あらゆるセーフティ・ネット――を失うことに備えができていません。

新しいドアを開くために、私たちは「自然は真空を嫌う」という格言に立ち返る必要があると私は考えます。現時点であなたは、心に次のような諸々のものを抱えています。すなわち、後悔、落胆、よかった時代を惜しむ心、未来への希望、将来への不安、自負心、自己不信などなど……。言いかえれば、無秩序な混乱した心の葛藤が存在しています。あなたを心配させるようなネガティブなエネルギーがやってきています。あなたの外での生活の不安定さは、同じように心の内的な不安定さを映し出しています。

明快さ、インスピレーション、新しい出発のための余地をつくり出す必要があります。そして、それらすべてに対する生活の技術をすでにあなたは持っています。問題は、はっきりしない多くのものが心に渦巻いていたり、それが発作的にあらわれることです。あなたは今、人生の重大局面にあることを認識してください。すべてを自分だけに頼ることはできません。外部の助けや援助者はどこにいますか。なにより、あなたのご主人はどこにいるのですか。彼も自身の不安を抱えていると承知していますが、彼は、この危機につながった挫折の一部です。あなたがそれから抜け出す道筋をつける役目の一部を担うべきでしょう。その重荷をあなた一人に引き受けさせるのは許しがたいことです。

また、あなたは今、現実的な考え方をする必要があります。あなたが過去に助けた人たちのところへ行き、この危機について援助を必要としているとはっきりと知らせましょう。勇敢である必要はありませんし、殉教者である必要はありません。犠牲者になったり、いつかはいいことがあると希望的な考えに陥ったりしないでください。

自分自身を、堅実で、理性的なアドバイスを必要としている、よく知っている誰か別の人物であるようにみなすことです。あなたは、彼女になんと言うでしょうか。客観的であることは、毎日あれこれと戦っている、感情の混乱した渦を取り除く助けになります。

あなたは、自分の核となる自己についてすぐれた感覚を持っています。あなたが書いた文章にそのことがはっきりとあらわれています。人に危機を乗り切らせるのは、その核となる自己なのです。外観は二の次です。もちろん、善良で、よい暮らしに値する人たちの生活に加えられた不況や打撃は現実のものです。しかし、心の回復力や、元気になる能力は個人的な特質であり、その特質は、あなた方のような場合に決め手となります。

あなた自身を強くできるような、同じような回復力を持っている人と緊密に協力しましょう。あなたと一緒に嵐を乗り切る、もう一人の強い人物を見つけるのです。あなたの核となっているものに共鳴する人なら、いつでも応えてくれるでしょう。ポジティブであり続けられるかを心配する前に、危機的状況から逃れるために、どんなに小さくてもいいので、なにか行動を起こすことです。

一度自分自身を現実的な方向に向ければ、開く必要のあるドアは開きはじめるでしょう。

私は悟りを得ることができるでしょうか

人間の目的とは、悟りを求め、それに到達することなのでしょうか。悟りにいたるための障害物とはなんでしょうか。それらを乗り越えるにはどうすればよいのでしょう。私は周りの人たちに、ポジティブな考え方を説いています。しかし、時折絶望を感じている自分に気づきます。この状況から抜け出すことができません。どうか助けてください。

——クラウディーヌ、四十一歳、カリフォルニア州シャーマン・オークス

あなたは二つの質問をしていますが、それが関連づけられるかやってみましょう。ポジティブな考え方は、人生に希望的なビジョンを持つためには非常に役に立ち、必要でさえあります。あなたのビジョンは悟りについてであり、これ以上ポジティブな考えはありません。しかし、たとえ自分のビジョンを見つけたからといって、四六時中ポジティブに考えるよう自分に強制する必要はありません。それはあくまで心に近づくための方法です。もしあなたが自分の心に強制しなければ、も

っと自然に、ストレスも少なく、うまく行くと思います。

さて、あなたの目標を悟りに設定したとして、どのようにそこへ到達するか。まず、障害物という観点からは考えないようにしましょう。悟りは個人的な成長の産物です。一本のバラがあなたの庭で育っていると思ってください。バラはきれいに咲く日を目指していますが、「私が咲く前に乗り越えるべき障害物はなんだろうか」とは考えません。やってくる良いことも悪いことも受け入れながら、いつか花が咲くという確信を持って、ただ成長しているだけです。

とはいえ、バラは肥沃な土、十分な栄養、行き届いた世話があってはじめて、最高の花を咲かせます。同じことがあなたにとっても真実です。スピリチュアルな道には、ただ二つのことが必要とされます。それは、目標へのビジョンと、あなたの意識を広げるための手段です。悟りがどんなものであろうとも、そして、多くの教えがそれぞれ異なったように書いてあっても、悟りに向かうあらゆるステップは自己認識のステップなのです。歴史的にも、伝統的なスピリチュアルな世界では、自己認識のための唯一重要な手段として瞑想をあげています。しかし、あなたの気づきが増えるにつれて、明らかになってくるすべてのことがポジティブなのではありません。人生とは、良くもあり、悪くもあります。そして、誰もが陰の自己を持っています。

あなたの人生のある面がどんなに大変であろうとも、それを魂に対する障害物にする必要はありません。あなたの肉体は障害に直面し、精神も同じように障害に直面するかもしれません。これらの障害に、あなたが考えられる最善の方法で取り組みましょう。言い換えれば、家族、友人、スピリチュアルな心を持っている他の人からのサポートを受けて、普通の暮らしをすることです。

魂とは、意識に関わることです。それがわかれば、開かれた意識のための機会はつねにあらわれるでしょう。開かれた意識はときには瞑想中にあらわれ、ときには新しい洞察としてあらわれ、またあるときには、私たちを助けるためにガイドや教師としてあらわれます。あなたのハイヤーセルフを最高のガイドにしましょう。すべての道が、意識のなかで生ずることを理解し続けてください。

手に負えない息子

私の二十二歳の息子は我が家で暮らしています。大学でも少し授業を受けており、パートタイムで働いています。息子は、食事をつくるとか皿を洗うなどといった家庭の雑時を、自ら進んで行うことはありません。不機嫌にむっつりあらわれては、挨拶もしないで消えます。私に向かって、まるで自分が仕切っているように傲慢な態度をとります。そして、暇さえあればテレビゲームをして、ぶらぶら過ごしています。私は離婚しており、シングルマザーです。どのようにしたら、息子がもっと私にやさしくしてくれるのでしょうか。正直に言いますが、もし彼が、たんにそういう嫌な態度のふりをしているだけなら、現時点ではこれでもいいのかなと思っています。

――オードリー、四十六歳、イリノイ州オークパーク

あなたの息子さんは、延ばせる限り自分の青春期を延ばしているのです。傲慢な態度、テレビゲームに熱中すること、家事を手伝わないこと、あなたへの無関心な態度などは、十六歳の子供を持つすべての親によく見られることです。しかし、二十二歳の大人にはとても許される態度ではありません。

加えて、あなたの状況には、それをさらに悪化させる二つの要因があります。私は、息子さんが、その無神経で思いやりのない態度を、父親から学んだのではないかと危惧しています。そして、あなたはシングルマザーであるというマイナス面を経験中です。そのことが、あなたが感情の評価を息子さんに依存しすぎる状態にしており、彼が未熟さから抜け出すのを遅らせる原因にもなっています。

結局、あなたは彼にとってふさわしい存在ではないし、彼もあなたにとってふさわしくない、そこが問題なのです。これはお互いに好ましいことではありません。彼が大人として自分の現実に向き合うかどうかは、あなた次第です。息子さんを別に置いた生き方を求めましょう。息子さんが自分自身で成長する努力をするよう、あなたが自分自身に強制することです。彼に注意しすぎるのを

やめ、あなたの失望や期待はずれで彼に重荷を負わせるのをやめるのです。強力すぎる薬ではありますが、結局、最後にはそれがあなたを救うでしょう。

息子さんについて言えば、あなたの心配は当然です。彼の成長にとって、今の場所はいい場所ではありません。彼は、成長しようという自発性をほとんど持たず、未熟すぎるため、成長するのを拒んだ際に自分を待ち受けている破綻《はたん》さえ知りません。あなたの役目は、彼が目を開く助けをすることです。まず、彼には、彼が尊敬する男性からのはっきりした強い口調の話が必要です。その男性は、いくつかの困難な現実について息子さんに伝える必要があるでしょう。

加えて、息子さんには、成長したいと思える人物についてお手本が必要です。

残念ながら、どんな種類のお手本が彼にとって本当にふさわしいのかは、私にはわかりません。それには、あなた自身による、いくつかの冷静で明晰《めいせき》な考察が必要です。

二十二歳の若者の多くは、自分たちの強さや弱さを確認することはできません。彼らはもっと多くの経験を必要とし、指導や教育も必要です。そのことは、息子さんにもあてはまります。

いずれにしても、経歴や生き方が息子さんに「僕もあんなふうになりたい。僕もあんなふうになれる」と思わせる男性を見つけてください。あらゆる青年の人生において、そのような人物との出会いがなければ、彼らはずっと目的もなく漂っていくことになります。

人生の岐路に立つ若者

私は今、人生の方向を見つけなければならない時期にあり、その選択のためにつらい時期を過ごしています。好きな、情熱を注げるなにかをしたいのですが、それがなんなのか、まだ見つけられていません。ただ、妥協したくありません。学校や仕事は、私にとって無意味に感じるだけでしたので、学校も辞め、自分自身を見つけたいという希望を抱いて、外出もせずに一年間を過ごしました。そして、ひたすら精神世界や心理学に関する本を読んでいました。

現在私は、精神面ではずいぶんしっかりしたと感じていますが、現実の生活ではなにも成し遂げていません。すべては起こるべくして起こると思っています。でも、たとえそう思っていても、心の内部が死んでいるように感じるときがあります。私にはなんの抱負もありませんし、自分がなぜここにいるのかさえわからないのです。

――アニー、二十四歳、コネチカット州ニューヘブン

あなたの手紙は、書き進むにつれてどんどんネガティブになり、ついには、「私は心の内部が死んでいるように感じる」という驚くべき発言になります。最初は自己認識の危機を先延ばしにして

いる理想主義の若い女性からの手紙としてはじまったのに、最後には精神的にひどく落ち込んでいる人物からの手紙のようです。

あなたが答えを得ることのできる唯一の道は、心の内部に入って答えを見つけることです。あなたはたくさんのスピリチュアルな本を読みましたね。すでに種は撒かれています。今やその種を発芽させるときです。

それがどんな種かを見つけるために、ここに、あなた自身に尋ねる五つの質問を用意しました。その質問を書きとめて、その紙をいつでも使える状態にしておいてください。答えが得られるまで、あなたは毎日、それぞれの質問を自らに尋ねる必要があるからです。私はまず質問をリストアップし、あなたに、それらに答えるための特別な方法をお教えします。その方法は、答えと同じように重要なものです。

1　私は落ち込んでいて、人生にうんざりしているのだろうか。
2　地平線上になにか完璧なものが待っているのを知っているから、私は漂っているのだろうか。
3　今日という日は、私が望むように進んでいるのか。
4　周りを見回すとき、私の生活は私が誰であるかを教えているだろうか。外の世界から見て、自分がどう見えるのか。

5　もし私が五年先にタイムスリップして、自分に会うことができたら、どんな自分に会うのだろうか。

これらは、二十代はじめの、自己認識の危機にある若者たちから尋ねられる質問です。混乱のなかでは、いつもこういう質問が発せられます。青年期の後期では、まだ完全に青年期が終わっておらず、完全に一人前の成人期もはじまっていないからです。若者たちは、自分たちの自己認識の危機を、それぞれ異なった方法で経験します。彼らは、周りにいる私たちが最も恐れていることや、最も夢に描いていることを引き出す傾向があります。

この時期は恋愛の時期であり、理想、生涯の職業、増大する自信、飛び立つことへの興奮を持つ時期でもあります。その通りであれば理想的ですが、もちろん多くの人は、いろいろな自己認識の危機を経験します。すなわち、優柔不断な無力感、自信喪失、十代のときは当たり前だった行動がもはや通用しないというパニック、そしてぞっとするような空虚感などです。

現時点でのあなたは、自己認識をする際にマイナスの側面に陥っています。ですから、そのマイナスの側面を取り除き、人生のプラスの部分に自身を導きましょう。五つの質問を出したのは、そうした理由からです。

朝、あなたのリストを取り出し、それぞれの質問を読んでから目を閉じ、一つの答えを待ちましょう。けっして強制しないでください。なにも期待しないでください。もし心のなかでおしゃべりがたくさん聞こえる場合は、息を吐き出し、心のなかで、あなたがはっきりした考えを持つことができるように、そのおしゃべりを少しのあいだやめるように頼みましょう。そして数分後、あなたが受け取った答えがどんなものであろうとも、それが今日の答えです。さっさと次の質問に進みましょう。

このようにして五つの答えを得たら、その後は、あなたの一日を楽しんでください。質問について考えてはいけませんし、質問に戻ってもいけません。その日のあなたの仕事は終了しました。残りの時間は楽しむためにあります。

毎日、この手順を繰り返してください。ある日――それがいつかは誰にも予測できませんが――答えのうちの一つが、あなたにとって本当に正しいと思われるときがやってくるでしょう。それは、あなたの本当の自己がその答えを届けてくれたことを意味します。でも、まだ喜び勇んで跳び上がらないでください。あと二回、同じやり方に戻って、同じ答えが返ってくるかどうかを確認してください。もし同じであれば、質問に横線を引いて、あなたのリストから消しましょう。

納得できる本当の答えを五つ受け取れるまでは、この手順を続けてください。

あなたは、すでにしかるべき位置にまで追いついています。まだ若いので、あなたの答えは来年には変わるかも知れませんが、あなたが必要としているのは、今現在のための答えです。それらの答えは、あなたが惰性から抜け出すのに役立つでしょう。

絶望的な探求

私はつねに「なにか」を求めています。そして結局は疲れきり、なにも見つからず、惨めな気持ちで終わります。ガンを克服すれば、予定通りに物事が順調に進んで、容易に生き続けられるだろうと考えていました。しばらくはそうでしたが、今は再び求め、期待することに戻っています。私は、神や天使、ガイドに祈り、話しかけます。しかし、私がすべてを勝手につくり上げているのではないか、ただ空想しているだけではないかとも考えています。私はどうしたらよいでしょうか。私はもっと多くのことがあると気づいています。しかし、なにがあるのでしょうか。またそれはどこにあるのでしょうか。

——ジャネット、六十歳、カリフォルニア州サクラメント

私たちはまず、あなたの年齢から話をはじめるべきでしょう。六十歳になって自分の人生の妥当性を確認したいと思うのは自然なことです。

まず、心のなかを見ることができるようになることです。そして、生きる縁《よすが》となる確たる価値を見つけることです。なんであれ、それこそあなたがこれまでに打ち立てた核となる価値であり、それがあなたを解き放ちます。

ただし、あなたの場合、核となる自己が弱いか不在のようです。それは、次の二つの事柄のうちどちらかを意味します。安定した有意義な自己を確立する仕事を先送りにしてきたか、その核となる自己がトラウマや精神的な苦痛、失望によって弱められたか、です。どちらが真実なのか私にはわかりませんが、両方の要素があるのかもしれません。いずれにしても、前へ進む方法は同じです。あなたが探求している「もっと」とは、あなたのことです。それは、天使によって伝えられるお告げでも、神からの突然のひらめきでもありません。

私は、あなたが聖なるものとのつながりを探求すべきではないと言うつもりはありません。しかし、もしあなたがバターナイフで木を切ろうと何年も費やしていたことを知ったら、自分が正しい方法で対処してこなかったことを認めざるを得ないのではありませんか。

あなたの場合、多くの源から得たインスピレーションが役に立たなかったのは、スピリチュアルな道の意味するものについて現実的ではなかったからです。たいていの場合は、スピリチュアリティが現実への道なのです。ですから、あなたは自分の人生についてもっと現実的になり、自分自身を発見する仕事をはじめなければなりません。あなたが求めている現実は、呼吸と同じくらい近くにあります。空や風のなかに現実を探求する必要はありません。

社会ののけ者

私は身体に障害を持って生まれ、これまで三十六回も手術を受けました。小さい頃、自分に問題があることには気づいていませんでしたが、小学校に入学してからは、置かれている状況が厳しいことがわかるようになりました。他の子供が私に向かって言う言葉は、信じられないほどひどいものでした。

「傷跡のある顔、フランケンシュタイン、お前の頭に袋を被せなきゃ、ボーイフレンドなんかできやしないよ」

母は私のことには無関心でした。継父は、ひざの上に私を座らせて言いました。

「お前は絶対に美しくはならないのだから、賢くなりなさい」

私の悩みは、たとえ私が学校でいい成績をとっても、継父が、相変わらず私をバカと呼んだことです。

私は、自分が賢く、思いやりがあり、本当に親切で愛情に満ちた人物であると思っています。しかし、私が部屋に入っていくと、人々がじろじろと私を見て、しばらくしてからも再び見ているのがわかります。なぜ私がこんな姿なのかを人に話すことはありません。すでに自分に感じている恥ずかしさを再確認することでしかないからです。八方ふさがりの状態です。どのようにしたらうまくいくのでしょうか。私は精神療法を受けていますが、いまだにこの状態から逃れることができません。

――レオニー、三十九歳、メリーランド州ボルチモア

苦痛を伴うあなたの問題は治療が可能です。もしあなたのセラピストが治療効果をあげていないのなら、治療できる人物に話をする必要があります。本質的な問題は、あなたが両親に刷り込まれた強い思い込みを成人期にまで持ち込んでいることです。あなたのお母さんは、五体満足な子供を産めなかったという罪悪感を乗り越えることができませんでした。そしてあなたの継父は、それらの問題を解決しようと助ける代わりに、お母さんの感情を強くしただけでした。あなたが自己を持つ以前、まだ幼すぎて自分と母親を同一化する以外に選択の余地がないときに、あなたは完全に間違った方向に条件付けられたのです。

私は、あなたが自分の人生を取り戻すよう祈ります。逆境にある経験を通して、あなたは、育ててくれた人を含め、過去にあなたを苦しめた人たちの誰よりもすぐれた人になりました。あなたの

治癒は、あなた自身の強さを基盤にしたうえで、次にあげることに気づくかどうかによって決まります。

・あなたのお母さんを幸せにすることは、あなたの仕事ではない。
・お母さんが自分を許せないのは、あなたのせいではない。
・あなたは子供として失敗していない。なぜなら、最初から勝ち目のある状況ではなかったから。あなたの両親も、たんにそういう人だっただけ。
・新しい両親が必要であり、その両親とは、あなたの心のなかに存在し、あなた自身の価値観からできている。
・過去の苦痛を手放す方法がある。
・他と違っていることは悪いことではない。あなたがこの世に存在し続ける権利について闘う必要はない。
・あなたの夫となる人はあなたの内部の光を見て、あなたに勇気を与える。

このような核となる問題について、積極的に取り組んでいるセラピストを見つけましょう。でなければ、過去を思い出すことにはなんの意味もありません。それと同時に、これらの提案を書きとめ、自分で取り組みはじめましょう。ヒーリングはいつも手の届くところにあります。

あなたはずいぶん長い道のりを歩んできました。そして今、核心に到達しました。治癒への道はより険しくなるかもしれませんが、これまで何度も成し遂げられてきたことです。正しいガイドが見つかれば、あなたも達成することができるでしょう。

私の悪質な上司

女上司が威張り屋で、いじめられたために、八ヶ月前に仕事を辞めました。私がいじめの話を彼女の上役に相談しても、彼らはなんら状況の改善をしてくれませんでした。おまけにこの上司は、私の将来の新しい雇い主に、意地の悪い推薦状を寄越しました。私は彼女から逃げることができません。私が先に進むにはどうしたらよいのでしょうか。

――セリーヌ、五十八歳、ミネソタ州ミネアポリス

あなたのジレンマには、短期的な答えとともに、長期的な答えがあります。短期的な答えは、あなたが面接で将来の雇用主に、女上司とのもめごとすべてを正直に説明することです。あなたの前

の女上司を非難したり、言い訳をすることなく、積極的に、大人らしく――。そうすれば、雇い主はあなたの誠実さをすぐに理解することでしょう。もし希望するなら、以前の職場からの別の推薦状を提出するといいでしょう。いずれにしても、意地悪な推薦状だけを取り上げて、あなたという人物を理解しないような人は、誰もいないと思います。

長期的な答えとしては、あなた自身について少し内面的な作業が必要です。あなたは不当な扱いを受け、傷ついたと感じていると同時に、まるで、あなた自身が上司の悪い行動を引き起こし、それを改善するのに失敗したかのような怒りや、罪悪感を抱いているように思えます。そうした感情は、あなたをその上司に結び付けている糸なのです。

あなたは、あなたを理解し、同情的に相談に乗ってくれる成熟した人物と、その問題について話す必要があります。もしあなたが自分の気持ちを楽にしようとして過去を思い出し続けるなら、けっしていいことは起こらないでしょう。たとえ目に見えなくとも、あなたは現実に心の傷を内部に抱えています。この心の傷を癒すための対策を講じることです。この助言が役に立つことを願っています。

もう一人子供が欲しいという強い願望

夫と私には、四歳になったばかりの美しい娘がいます。私はもう一人子供が欲しいと思っていますが、主人は要らないと言っています。私たちは何度も言い争いをしており、最近では、主人がベッドで問題行動を起こしています。それは私にとって、心から欲しいと思っているものを避けるための方法です。私には、彼が私と同じ考えでないことが信じられません。

——マリアン、三十六歳、コロラド州、デンバー

あなたはその抱え込んだプレッシャーを、ご主人やあなた自身から手放す必要があります。そのストレスが、彼に元気を失わせています。

そこで、改善のための小休止を提案します。

まず、落ち着いて気持ちを集中し、あなたがもう一人子供が欲しいと思う理由をすべてあげ、あなた自身の気持ちを十分に説明する手紙を書いてください。また、ご主人には、子供が欲しくない理由と、彼が疑問に思っていることすべてを手紙に書くように頼んでください。

あなた方がそれぞれ相手の手紙を読んだ後は、四ヶ月間、それらをそっとしまっておきます。再

びその話題を持ち出してはいけません。時間に解決させるのです。

四ヶ月が過ぎたら再び手紙を取り出して、あなたが書いたものだけを読みましょう。そして、あなたの考えが変わったかどうかを、自分自身に訊いてみてください。

あなたのご主人も同じようにしなくてはなりません。もしあなた方がどちらも変わっていなければ、その手紙をさらに四ヶ月間しまっておきます。私がうすうす感じているように、もしお互いの考えに軟化がなければ、十分に話し合ってください。それでもまだ意見の一致が見られないならば、お互いに新しい手紙を書くのです。もしあなたが、その話題をしばらくそっとしておくことを本当に約束するなら、きっとうまく行くと思います。

家族間の確執

私の成人した息子と私の夫が、クリスマスのあいだに激しい口論をしました。夫は謝り、もう一度チャンスをくれと頼んだにもかかわらず、息子とそのフィアンセは、私たちのどちらとも一切関わることを拒絶しました。息子は、彼の人生で起こったすべての悪いことは私たちのせいだと、私たちを非難しました。私たちは精神的に打ちのめされていますが、それをどう打開するかは息子が主導権を握っています。この事件が起こるまで、私たちは仲のよい家族でした。

――カーリーン、五十六歳、ニューハンプシャー

どんなに激しいものであっても、仲のよい家族がたった一度の口論で引き裂かれるものでしょうか。そこには隠された怒りがあり、それはずっと隠れたままでいただけです。息子さんの感情は、彼からすれば完全に正当で、あなたやご主人からすれば全く正当化できないものです。あなた方は行き詰まってしまいました。

一番いいのは、遠ざかることです。中間に彼のフィアンセという第三者がいることは、あなた方の距離を固まらせるだけです。

あなたが五十六歳だということから推察しますと、あなたの息子さんは一人前の大人なのだと思います。でも彼は、一人前の大人のようには行動していないかもしれません。もしかしたら、息子さんは感情的に未熟なのでしょうか。彼のかんしゃくは、あなたが書いているように青年期の若者のそれのようです。そして、あなたが言われるように、息子さんがその問題の主導権を握っています。彼は、古くからある問題に直面しています。「再び家に帰ることができるのか」という問題です。その答えはイエスです。ただし、そこには落とし穴があります。自分の過去と和解した後でなければ、自分の家に帰ることはできないのです。

あなたがよいニュースを得られるように願っています。ですが、息子さんが穏やかな気持ちではないこともわかります。彼は、アドバイスや癒しを求めるために、あなた方に手を差し伸べようとはしないでしょう。私は彼にそうして欲しいと願っていますが。しかし今は、彼とは距離を置かなくてはいけません。どんな種類のプレッシャーもかけてはいけません。もし彼が電話をかけてきたら、丁寧にやさしく話すようにしましょう。

いつかは息子さんも、あなたと父親の素晴らしい面を思い出すでしょう。そうなったとき、和解の最初の意思表示をするかどうかは息子さん次第です。

悟りに達することが幸せか

悟りと幸せは同じことですか。

――ディー、五十二歳、ボストン

飾り気がなく直接的なあなたの質問は、気分を爽快にしてくれます。ですが、あなたがなぜこの質問をしたのか、その状況がわからないので、少し答えに困っています。もしあなたが、悟りが幸せであるための手段だと考えているのなら、そのような期待はおそらく幻想です。悟りは完全な意識の覚醒を意味しており、エゴの問題が存在しない状態を意味します。その状態には、なかなか到達できません。

悟りに達するために、人はスピリチュアルな道を歩まねばなりません。たしかに、そのようなスピリチュアルな旅は、その人の幸せを大きくするでしょう。スピリチュアルな道が導くところは、あなたを本当の自己に近づけるからです。本当の自己は、あなた自身が「私」と呼んでいる自己の中心にあります。

本当の自己は、毎日の生活の浮き沈みによって煩わされたりはしません。あなたの本当の自己は、一切の予定を持っていません。それは存在するだけで満足しています。存在することに、無邪気で単純な無上の喜びがあります。私たちは誰もが、平和な喜びに満たされた瞬間に、その状態を経験しています。それはたとえば、心の悩みをなにも考えずに、春の日の素晴らしい青空をじっと見つめているようなものです。

空はいつも青空ではなく、毎日が春ではありません。スピリチュアルな道では、人は外部で起こる素晴らしいことを必要としないままで幸せを見つけることを学ぶのです。

あなたは、本来のあなたであることによって幸せを見出します。それは理解しがたいことではないでしょう。幼い子供たちは、そのままで幸せな存在です。

では、どうすればそうなれるのか。それは、あなたが成長して人生の裏表を見たときに、再びそのような状態を取り戻すことによってです。私は、あなた自身のために、スピリチュアルな道を試みられることをお勧めします。その指針として、私は最近『本当の幸せをつかむ7つの鍵』（原題：The Ultimate Happiness Prescription）という本を書きました。幸せへのスピリチュアルな道について詳細に書いてあります。

これは浮気ですか？

私は結婚六年目で、三人のティーンエイジの子供たちを育てています。夫は、私たちが結婚する前に、一番下の子供の母親と浮気をしました。そのせいで、彼女はいまだに私たちの生活の一部です。私は、最近夫が隠れて彼女に電話しているのを知りました。彼は、自分は浮気していない、だから私が考えを変える必要があると言います。しかし、私は裏切られたと感じています。私は彼と別れるべきでしょうか。私には、このように感じる権利がありますか。とても混乱しています。

――シェリー、三十五歳、ロサンゼルス

ほとんどの人は、あなたと同じ反応をするでしょう。浮気は一つの行動というより、それ以上に一つの態度です。ゆえに、浮気をやめるよう要求するためには、まず、彼に自分の態度を変えるよう要求しなくてはなりません。彼が態度を変えてはじめて、行動を変えることに本当の意味が生じます。たとえ行動のみが変わっても、結果は表面的なものでしょう。あなたが現在そうであるように、彼の奥さんになる人も、つねに浮気の再発について神経を尖らせ、不安を感じるでしょう。「浮気の虫は一生治らない」とは断言しませんが、このことわざは、苦い経験から生まれたものです。以下に、浮気者の心理状態について要因をあげてみます。

・より多くの女性と付き合うほど、自分はよりセクシーだと感じる。
・男は、一夫一婦制に向くようにはできていない。
・他の女性と寝ることは、結婚生活に一息つかせてくれる。休暇のようなものだ。
・他の女性なんて自分になんの意味もない。なぜ妻があんなに腹を立てているのかわからない。
・真の男とは、一人以上の女性を満足させることができる男のことだ。
・私は、うまくやり抜けられることはなんでもする。
・私は、私自身である権利があり、そしてこれが私なのだ。
・妻との問題に取り組むより、別の女性に助けを求めたほうが楽だ。

・これは妻の責任だ。彼女は私を満足させてくれない。
・私は解放的な人間だ。妻を含む他の人々がそうでなくても、仕方がない。

私は、あなたのご主人がこれらすべてを心に描いているとは言いません。そこまでの浮気者はいませんから。しかしあなたの手紙は、かなり多くのことを示唆しています。彼は、こうした考えを彼自身の一部にしています。それが彼の言い分であり、それに固執しています。あなたに対する愛によって、彼のその言い分を変えさせることができるでしょうか。答えはおそらく「ノー」でしょう。もし彼が言い分を変えるほど十分にあなたを愛していたら、そもそも最初から浮気などしなかったでしょう。

以上のことが悲観的に聞こえたとしたら、それは私の望みではありません。希望を持ってくださ い。同時に、その希望をきちんと確認することが重要です。もしあなたのご主人が真実を話してい て、浮気をしていないというのなら、あなたが責任をもって、ご自身の不安感に対処する必要があります。

浮気がちな配偶者を持つことは、相手に望まれ、保護され、慈《いつく》しまれ、大事にされているという感覚にダメージを与えることは避けられません。そうした感覚を自分に取り戻すために、あなたは自分の置かれた弱い状況を利用しなければなりません。

もしあなたがそのような癒しの旅をはじめるなら、最初の一歩は、ご主人にその態度を変えさせることです。彼がその態度を変えなければ、あなたが空《から》にしようとしている浴槽に、ご主人はより多くの水を入れ続けることでしょう。

なかなか消えない深い悲しみ

私の一人息子は、十年前、高速道路での横転事故で亡くなりました。息子はそのとき二十三歳で、私の輝けるスターでした。私たちは二人とも、地元の病院の救急処置室で働いていました。彼の父親と私は、息子が三歳のときに離婚しました。

強烈な喪失感の後、やっと普通に呼吸をしはじめたところです。しかし、私はその事故によって心的ストレス障害になり、私のスピリチュアリティは深く動揺しました。ほとんどの人には気づかれていませんが、私はあらゆる人や物に対して強い遊離感を感じています。私はイエローストーン川に近いとても環境のいい場所に住んでおり、川面の野生生物を眺めて安らぎを見出しています。特に、ここに鷲がやって来る冬を楽しみにしています。しかし、私の心の苦しみはまだ終わっていません。どうすべきなのかわからないのです。

——ブレンダ、六十三歳、モンタナ州

深い悲しみは、あなたのような境遇の下では衝撃的な状態です。心よりお悔やみ申し上げます。しかし、私は、現実的にお話ししなければいけませんから、若干無愛想になってしまうのをご了承ください。

たいていのシングルマザーがそうであるように、あなたは息子さんとともに生きてきました。彼はあなたの一部になっていたのです。彼が亡くなったとき、あなたの自己意識の一部は彼とともに去ってしまいました。二人の人間が一人の人物をつくり出しているような緊密な関係では、こういったことはよく起こります。お互いが相手の精神的なギャップや穴を埋め合っているのです。

おそらく早晩、二十三歳の息子さんは、彼自身の別の道を見つけたことでしょう。その過程がたとえつらいものであったとしても、あなたは彼の愛を忘れなかったであろうと思います。事故死による突然の別離によって、あなたは引きちぎられ、あなたが今持っている無感覚、混乱、疎外感、憂鬱、「歩く屍《しかばね》」のような感情は、残された部分から一人の完全な人物を組み立てることができない結果として残ったままです。

あなたにとってたとえ慰めになっても、スピリチュアルな本を読むことは、正しい方向に導いてはくれません。なぜなら、それらの本は、あなたの気持ちをさらに内向きにさせ、孤立させるだけだからです。あなたが、自分の悲しみを和らげてくれる自然という慰めをお持ちなのを、私は喜ばしく思います。あなたの前には、大きな実践的なプロジェクトがあります。失くしてしまった部分なしに、自分を取り戻していかなければなりません。そのためのプロジェクトの主なステップを、次にあげておきます。

1　一人の完全な人物であろうと決意すること。
2　息子さんがかつて満たしていた空白部分を、もはや元通り埋めることはできないと認めること。
3　自分は幸せになり、豊かな未来を受けるべき価値があると自分に言い聞かせること。
4　一人の人間としてあなたを必要とし、満足させてくれる人々と接触すること。
5　人生で最も円熟期にいて、充足している人物に、自分を助け、サポートして欲しいと頼むこと。
6　あなたの進歩やつまずきを現実的にチェックできる、よき指導者やセラピストを見つけること。
7　記憶や喪失感、悲しみ、傷ついた心など、残されたものを受け入れること。
8　これを最後に、きっぱりと被害者の役割から逃れること。

9　心に愛するためのの広い場所を与えるとともに、自分の悲しみに敬意をあらわすこと。

これら九つのステップを書き出し、真剣にそれらを考えてください。受け身な態度で癒される時間を待つことは、あなたの役には立たないでしょう。客観的、現実的になるために動かなくてはいけません。自分の人生を再生させるために、全力で打ち込まなくてはなりません。もしあなたにそれができれば、あなたは生きている墓石である代わりに、息子さんの生きた記念碑となれるでしょう。生きている記念碑は、息子さんの誇りでもあるはずです。

落ち込んだ気分――いや、それ以上かも

私は、自分の思考過程をもっとポジティブに変えたいと努力しています。マイナス思考がやってくると、脇にどけたいと願い、それに注意を向けないようにしています。たいていはうまくいっているのですが、落ち込むこともたびたびあります。現在薬物は使っておらず、使いたくもありません。この状況を変化させ、私自身の現実を創造するにふさわしい最初の一歩とはなんでしょうか。それがなんであれ、私にはそれができるとわかっています。

――ジェニファー、四十七歳、ノーザン・ヴァージニア

ふつう、誰かが「私は落ち込んでいる」というときには、その理由が続きますが、あなたの手紙は非常に慎重です。あなたはただ、マイナス思考と闘っていること、再びポジティブな考えができるよう自信を持ちたいと書いています。しかし、これは、不安感、自己不信、安全でないという感情の状態を示しています。なぜあなたは、大丈夫でないことを恐れるのですか。

それに対する答えは、あなた自身のなかにあります。そのための第一歩は、鏡のなかの自分をしっかりと見て、いつネガティブな考えが起ころうとも、自分で確信できる落ち込みの理由を探すことです。たとえば、次のようなことです。

- 私は、悪い状況にはまり込んで抜け出せない。
- 誰かが私をコントロールしている。
- 環境を変えることに無力感を抱いている。
- 自分は被害者だと感じている。
- 自分は絶対に成功しないだろうと感じている。
- ひどい欠乏状態にある。

・長いあいだ、気分的な問題を抱えている。しかし、なぜだかその理由を理解できない。

これらは出来合いの答えではありません。あなたがいますぐこれらの答えをご自分に当てはめようとすることを、私は望みません。しかし、もしこれらのどれかがあてはまるとしたら、それが解決法を示してくれます。

たとえば、あなたに、身動きが取れないと感じさせている悪い環境や状況は、変えることが可能です。もしそうする必要があるなら、もっと安全などこかを見つけるまで、あなたはそこから遠ざかるべきです。

同じように、もし誰かがあなたの人生をコントロールしているなら、あなたは自分自身のためにそれを改善する必要があります。敗北感や絶望感を感じているなら、自尊心の問題に取り組む必要があります。そして、あなたの気持ちが理由もなく再びマイナス思考に転じるなら、医者にかかる必要があるでしょう。

うつ的な傾向は、あなたに無力感や絶望感を感じさせるゆえに、真実を隠します。あなたが見る必要のある真実は、解決法が存在するということです。あなたがうつ状態にあるかどうか、私にははっきりしません。私の感じでは、あなたが明らかにしていない理由のために、あなたは精神的に不安定であり、コントロールされていると感じているのだろうということです。おそらくあなたは、手紙のなかで問題を打ち明けたとしても、十分に安心できないのではないでしょうか。

ドアマットの代わりをさせられている

私には、いつも問題のまっただなかにいる長年の友人がいます。彼女は孤独などの不満を言うために電話をしてきます。感謝という言葉は、彼女から最も遠い言葉です。彼女は双極性うつ病の薬物治療をしており、深酒もしますし、喫煙もし、既婚者と関係を持っています。かなりあったはずの相続した財産を使い果たし、自分の家をも失おうとしています。

長年付き合い続け、今も私は同情の気持ちで耳を傾け、彼女の幸せを気づかっています。しかし最近は、自分が彼女の問題行動を助長しているだけのように感じはじめました。彼女の電話は神経が疲れますし、もっと建設的になりなさいという私の忠告は、彼女を怒らせるだけです。私はどうすべきなのでしょうか。

——セルマ、三十五歳、シカゴ

読者は、なぜあなたは、自分をひどく扱う人のドアマットになりたいのだろうと、首をかしげているに違いありません。あなたは、友人が自ら招いた多くの問題や、感謝もされない役割を彼女の思い通りにさせて、何年も無駄にしています。彼女のための会話に時間を割いても、彼女があなた自身のことは考えもしないことを自分に許してきました。それなのに、今あなたは、彼女に十分なことをしてこなかったと罪悪感を抱き、解決策すら探しています。

どうか、自分の内面的な強さを開発する努力をしてください。さもなければ、たとえあなたが彼女から逃げられても、再び誰かのドアマットになるだけです。最初にはじめることは、境界を持つことです。友人は、あなたがそうすることを許したから、あなたを踏みつけ台にしたのです。弱くて親切なあなたが自分を守ったとき、彼女は怒ったのです。

彼女には、自分の道を行かせることです。まず、あなたがどう感じるかを確認して、「ノー」と言うときを知ること。もし誰かがあなたを利用しているときには、あなたの気分はけっしてよくないでしょう。よくないと感じたときに、心を配って、「今は数分間しか話せない」といった制約を相手に示すのです。

あなたの制約が尊重されるとわかれば、他人を助けることがよいと感じるように、自分が強いということも同じく気分がよいことがわかるでしょう。

彼女は出て行くべきか、留まるべきか

私は夫を好きではありませんでしたが、十七年前に結婚しました。それまではシングルマザーで、小さな子供たちに本当の家族を持たせたかったのです。そのとき、これは正しい行為なのだと自分に言い聞かせました。今では、娘も家を離れる年齢に達し、息子ももうそろそろ家を出ますし、私の人生は終わったように感じています。そして、私がこれまでに残してきたものは、いい加減な結婚だけです。消去しなければならないほど悪くはありませんが、人生を楽しめるほどよくもありません。いってみれば、惨めに落ち着いているという感じです。これがたんなる更年期によるものなのか、私の魂からの叫びなのかを知る手助けをしてください。

――メイ、四十六歳、シアトル

人がさまざまな問題を持ち出すときには、目立った要素があります。問題点がなんであろうと、葛藤がなんであろうと、その人物はある程度、すでになにをすべきかを知っているということです。基本的には、それをするための同意を求めているのです。

あなたはそのカテゴリーに分類されます。すでに答えを知っているのでなければ、誰も、「うん

ざりするほど退屈で、惨めな状態に戻るべきでしょうか」などという、人を引っ掛けるような質問をしません。あなたのビジョンでは、いったいなにが結婚生活をやめるほど悪くしているのですか。あなたのご主人があなたに火でもつけたのでしょうか。

あなたの境遇に対する考え方で、感銘を受ける部分があります。それは、自分の幸せより、正しいことを行って義務を重んじるという態度です。それは非常に古風ですが、尊敬できる考えです。しかし、結局あなたは、自分の結婚を悪魔との契約に終わらせています。

なぜあなたの夫が、自分を愛してもいない妻と結婚したのか、誰でも不思議に思わざるを得ません。あなた方お二人が、感情的な部分も含めて、お互いに正直なレベルで理解し合って来なかったことは明らかだと思います。ですから、結婚から逃げ出すということは、あなたが長年行ってきたことのなかで最も偽りのないことかもしれません。私は、あなたが現実に目覚めて、コーヒーの香りを感じられるよう声援を送ります。

命の問題とは

「あらゆる存在が祝福されますように」という表現が気になっています。どのようにしてあらゆる存在を同時に祝福できるのでしょうか。一つの命は、ときに、他の存在の死を意味します。周りを見渡せば、生き延びるために命が命を餌にしています。革製品を身につけないベジタリアンでさえ、自分たちの場所として地球のある部分を必要とし、そこに住んでいた昆虫たちを駆除したり殺したりしなければなりません。この矛盾を正当化するために、人は、肉体的な祝福と、スピリチュアルな祝福とを区別する必要があるのでしょうか。

――リー・アン、五十四歳、テキサス州エルパソ

私が最初に感じたことは、あなたが心配性の人かどうか聞いてみたいということです。答えのない究極の質問をすることで自分をいらいらさせる必要はありません。祝福とは、温かい感情、願望、感謝の祈りなどを表現したものです。祝福は、博士号を持った哲学者によって考え出されたものではありません。よく考えてみると、あなたの質問は遠まわしであることに気がつきます。あなたは、土から抜いて人参を傷つけているベジタリアンを気にしているわけではないのですね。残酷さや痛みの存在、すべての命が持っている痛みを心配しているのです。

苦しみという問題は解決されませんが、それでいいのだと思います。命を苦しめているものがなんであろうと、まずあなたの苦しみに焦点を合わせましょう。もしあなたが自分の人生を、リスク、脅威、不公平、無慈悲などにあふれているとしているのであれば、それはあなたが傷つきやすいこ

とを意味しています。私に倫理的観点を解決させても、それらの感情が消えることにはなりません。では、なにがその感情を消すのか。それは、あなたの持つ強い共感力を使って、次の二つのうち一つを行うことです。

一つは、外に出かけて、苦しみや苦痛の状態にある他の人たちを助けること。もう一つは、自己の気づきの道を歩みはじめることです。これらは、もちろん両立しない選択ではありません。

他人を助けてみれば、あなたは、苦しみが人間の魂を殺したりしないことがわかるだろうと思います。私たちは、探求し、切望するためにこの地球にいます。健康的な方法で人性を扱うなら、この切望する気持ちが私たちを成長させていくでしょう。でも、もし健康的な方法で扱わないなら、私たちはなにもせずにぶらぶらし、結果のないことに悩み、さらに心配することになるでしょう。

気難し屋に耐える生活

私の夫は年を取るにつれて不機嫌になり、一緒に人前に出かけたくないほどです。ほんのちょっとしたことに欠点を見出し、大声で私や他の人にしつこく説教することを、彼は抑えられません。レストランでは、給仕に大声で怒鳴りますし、電話ではひどい言葉を使います。私に関しては、ほんの些細なできごとでも非難します。二年前、私は彼に手紙を書きました。もはや彼のひどい行動には耐えられない。もし変わらないのなら、私たちの関係は終わりです、と。その後はうまく行っていました。短気で、無作法な行動が戻ってきた六ヶ月前までは——。信じられないでしょうが、私はまだ主人を愛しています。でも好きではないのです。私はどうすべきなのでしょうか。

——エリザベス、六十五歳、デトロイト

私の心や、多くの読者の心のなかで、「そんな最低男は見捨ててしまえ」とささやく声が聞こえます。あなたのご主人は、一時的な改善はあったとしても、生き方は変わっていません。それなのに、いくつかの初歩的な決意をするまで、あなたは去ることができないでいます。

最初が一番肝心です。つまり、これはあなたがうまく処理できる状況なのか。この質問にイエスと答えるためには、以下のことが真実でなければなりません。

・あなたのご主人はこの問題を理解し、認めている。
・彼は腹を立てることを後悔している。
・彼は助けを求めている。
・彼は自分の治療過程にあなたが関わってくれることを望んでいる。

・あなたが行動を起こすときに、改善の兆候がある。

あなたの場合は、最後の点が希望への根拠です。あなたがご主人に最後通牒を出したとき、改善の兆候が見られました。彼はあなたの手紙を真面目に受け止めましたが、再発してしまいました。もう一度彼に理解させることができますか。最後通牒は、出した直後には働きましたが、今はその働きを停止しています。かつての最後通牒は、あなたが立ち去らないことを立証してしまったため、たんなるこけ脅《おど》しに変わっているのです。

あなたは人を喜ばせるのが好きな人なのだと思います。ご自分の決断を導くためには、専門家の助言が必要かもしれません。カウンセラーやセラピストが、その定着した状態が希望のないものであることをあなたに知らせてくれた後に、あなたははじめて罪悪感や良心の呵責《かしゃく》なしにその状況から抜け出す強さを見つけるでしょう。私は、この男の人生は、あなたなしでは急速に悪化していくものと断言できます。

次に、彼の怒りについても少し触れたいと思います。彼の年齢だと、当然もう退職していることでしょう。人生のすべてを意味していた仕事を去った男性たちは、彼ら自身の失敗のせいでもないのに、苦々しく不当な扱いを受けたと感じながら終わります。突発的な爆発を引き起こすのが、内面的なこの「苦々しさ」です。彼は、他の人を悪い気分にさせることによって、自分は「気分がいい」と感じます。自分が苦しんでいることを他の人に示すことによって、自らの喪失感を埋め合わせているのです。しかし一方で、自分が苦しんでいることを認めたがらないため、自分の隠れた感情を怒りとしてあらわしています。もしあなたが、彼に突然の人格変化が起こったと感じているなら、医学的な検査も受けさせることを考えてください。

正しくあらねばならない、といった必要性のような他の要素も、私の心に浮かんでいます。これはコントロールの兆候です。おそらく、彼が仕事をしていたときには、職権を持ち、仕事のやり方を他の人たちに教えていたのでしょう。いつも気難しい完全主義者か、誰にも満足させることのできない人物だったのでしょう。年齢がこれらの傾向を悪化させたのかもしれません。

年配者は、社会的な境界をたびたび取り払ってしまうために、こういったことが起こります。無作法になるときの彼らの言い訳は、「他の人が考えていることを気にするには、私は年を取りすぎている」というものです。悲しいけれど、かなり普通のことなのです。

どれも容易ではありませんが、あなたが正しい選択をするための十分な情報を与えられたことを願っています。あなたは、自分を理解しようとしてくれない、我慢できない不平屋と一緒に住む必要はありません。惰性に陥らないでください。自分をよく観察すれば、いくつかの厳しい選択をする方法が見つかることでしょう。

愛の不安

私はこの十六ヶ月間、ある男性と幸せな関係にいます。これまで、こんなに愛し合ったことはありません。彼は無条件に私を愛しており、ことあるごとに愛をささやいてくれます。それなのに、なぜ私はこんなに不安を感じるのでしょうか。なぜ突然、誰かのせいで彼を失おうとしている、とパニックになるのでしょうか。私は、乗り越えられないこのネガティブな感情のせいで、せっかくの関係を壊したくありません。

――ラウラ、四十三歳、ニュージャージー州

これこそ、愛とはどのようなものであるかということをあらわした手紙です。愛は、苦しみと喜びを同時に生み出します。私たちのより深い内面が表面に出るからです。愛をもたらす心の広さは、幸運であれば、人生で最高のものに対して開かれます。しかし一方で、子供のような非常に傷つきやすい感受性をもたらし、相手が必要だという感覚をもたらします。

私は、あなたの「無条件の愛」という言葉に、一瞬沈黙しました。わずか十六ヶ月間あなたを知っただけで、あなたを無条件で愛する人などいません。それは、とても心地よい約束であり、望ま

しい目標ですが、あなたはまだそこまで到達していません。あなたも心のある部分ではそれを知っています。あなたはティーンエイジャーではありません。これまでにも、恋に落ちたり、破れたこともあったでしょう。

私のアドバイスとしては、通常の恋愛の不安感としてあなたの感情を見つめること、そして前へ進むことです。誰かが、「どうしたら正しい愛を見つけられるのでしょうか」と尋ねたときの私の答えは、「正しい愛を探してはいけません。あなたがそれを正しい愛にしなさい」というものです。同じことがあなたにとっても真実です。

物事を見る方法

周りを見回したとき、本当に多くの苦痛や苦しみが、悪事、大災害、経済危機によって引き起こされているとわかります。危険は、いつも私たちの傍をうろついているのでしょうか。それとも、物事を見る別の方法があるのでしょうか。

——レン、三十一歳、オレゴン州ポートランド物事を見る別の方法があることを、あなたも認めていると確信しています。ですから、あなたの質問の本質は、別の方法をどのように選ぶかということだと考えます。

雨の日に、日光を見るように自分に言い聞かせることはできません。もし試みるなら、あなたは思い違いをしていることになります。自分たちを現実主義者だと考えている多くの人は、善も悪も同じだと感じています。彼らは、人生のマイナス面から目を離したがりません。現実主義は、いいことも悪いことも両方受け入れることを求めるからです。

しかし、苦しいことが楽しいことよりもより現実的であるなどと、誰が言っているのでしょうか。もしあなたのビジョンが愛と平和を含み、あなた自身が暴力を否定しており、スピリチュアルな道を進みはじめているとしても、そのことが、あなたが現実主義者でないことを意味しているわけではありません。それは、あなたがより高い現実を目指していることを意味しています。神を意味しているのではありませんが、宗教も排除していません。

私たちは今、隠れた可能性について話しています。人間の本性は分裂しています。すなわち、闇と光の両方を含んでいます。あなたは闇を選択することができ、それを後悔もするでしょう。または、闇がもはや支配できないほどに光を拡大することもできます。

この選択は避けて通れません。極めて個人的なものだからです。私は、大勢の人々が疎外され、幻滅しているのを知っています。彼らは、夕方のニュースで放映される暴力や災害、不正行為や犯罪行為についての知らせを、ただ受動的に見ながら座っているだけです。

しかし、古い格言は真実です。一本のロウソクがあれば、闇を消失させるのに十分なのです。自己の意識を点火させることを選べば、あなたは人間の本性の闇の側面に打ち勝つことができ、より高い現実が見つけられるでしょう。

虐待のパターン

離婚してほぼ五年になります。二十年間の結婚生活のなかで、前夫は感情的で私を虐待しました。離婚後最初に付き合った男性は、アルコール依存症だったためにうまくいきませんでした。現在私は、誰と付き合っても、結局はまた悲惨な関係に終わってしまうのではないかと心配しています。どのようにしたらこういったパターンを打ち破り、よりよい関係を進展させられるのでしょうか。

——ロンダ、四十六歳、ミシガン州

虐待に巻き込まれる人は、密接な関係のある二つの傾向を持っています。一つは、警告のサインを見逃す傾向。人間は、閉じた本でも秘密の暗号でもありません。彼らはシグナルを発しており、示唆的に振る舞っています。もしあなたがその警告のサインを無視しなければ、相手が虐待的で、支配的で、自己中心的で、非情で威圧的で、冷酷な、またはひどい依存性になる可能性があるかどうか、それを知るのはそんなに難しいことではありません。私は、完全に誠実で正直な男性があなたの前にあらわれるだろうとは言いません。欠点のない人はいません。私たちは社会生活のなかで、自分の一番いい部分を表に出します。特に、相手を口説こうとしているときはなおさらです。

二番目の傾向は、あなたにふさわしい人を教えるシグナルを、あなたが見落としがちだということです。警告を見誤るのはよくあることです。あなたは他人の一番いいところを見たがっているからです。当然のことですが、あなたは、疑いや不信感は、新しい関係をつくるためによくないことだと考えています。しかし、他人のよい点を見ずにいることも、それと同じように害があります。

大部分の人は、頭のなかに「自分のイメージする人物」を持っているため、そのイメージに合わない人を退けようとします。あなたがこれまで、退屈だとか、ルックスがよくないとか、金持ちでも頭がよくないなどといって拒絶した男性たちを考えてごらんなさい。

現実には、彼らの唯一の欠点は、ただあなたのイメージに合わなかっただけです。それは、外から見える面が最も重要であるという社会的な思い込みによってつくられています。成功を収めている大勢の魅力的な独身者が、完全な配偶者を見つけるためのテレビ番組に出演していますが、結果として、何組ぐらいの幸せな結婚が生まれたのでしょうか。多くて一組か二組、それさえもテスト期間中で、成功かどうかはわかりません。

重要なのは、どのようにしてこの二つの傾向を克服するかです。あなたは、前もって警告のサインを見つけるのと同時に、隠れた道徳的な美点も見つける必要があります。その能力は自然にやってきますが、同時にいろいろな方法で邪魔されます。あなたは、過去の失敗や心の痛手から来る「恐れ」という大きな障害物について話してくれました。マーク・トウェインが書いているように、一度熱いストーブの上に座ったことのある猫は、その後、熱いか熱くないかにかかわらず、どんなストーブの上にも座りたがらないといいます。つまり、あなたは自分の心の古い傷を恐がって、安心できないでいるのです。

よいチャンスがあらわれるように、心をオープンにし、新しくしておくことを学ばなければなりません。あなたは、彼らの実際の姿を隠していた、過去の根深いイメージを見つめなおさなくてはなりません。良い面だけを持つ人はいませんし、悪い面だけを持つ人もいません。人間とは、善悪が入り混じっている存在なのです。

結局のところ、相反する感情に行き着きます。あなたがある人の内に良い面と悪い面を見たとき、あなたはどのように反応しますか。あなたが成熟しているなら、良いことは受け入れ、悪いことにはある程度まで目をつぶろうとするでしょう。

相反する感情は、理想的な恋愛とは異なります。それは寛容です。その状態に到達できれば、新しいなにかがあらわれてきます。もはや完全なる愛という幻想によって盲目にされることなく、自分が批判的でなくなっていると気づくことでしょう。あなたは他人を批判せず、持っていた恐れや不信感も少なくなっているはずです。そうなれば、あなたは最も大切なことを行うことができるでしょう。すなわち、自分になにが必要かを知り、どのようにしてそれを手に入れるかを知るのです。ほとんどの人は、彼らが実際になにを必要としているかを見分けられずに、間違った場所で探し続けています。

ここで私が提言したいのは、あなたが保護、安全感、安心感、愛情、そして慈しみを、この順番どおりに必要としていることです。私たちは、傷ついているあなたの過去を無視することはできません。今よりもっと高度な段階にあなたが到達し、自分が安全で、認められていると感じられたときにようやく、あなたは最優先事項として、愛情や、思いやりや、賢明さを探せるようになるでしょう。あなたがそれらを必要だと確認したら、その必要を満たしてくれそうな相手に目を向けましょう。デートを続け、しばらく付き合ってみるのです。そして、相手の能力を吟味すること。

あなたが相手になにも要求できないと感じるのはよくわかります。あなたは、自分のエネルギーを、相手を喜ばせることに集中しています。人目を気にして、自分は十分若く、可愛らしく、善良だろうかと心配しています。そのことが、いきなり悪い関係があなたの面前にあらわれる理由なのです。あなたは自分の欠点に焦点をあわせているため、実際に他の人があなたの要求を満たすかどうか、テストするのに失敗してしまうのです。

一度気をつける方向を変えれば、あなたは、その人物がどんな人物であり、彼がなにを与えてくれるのかについて、現実的に考えることができます。私は、これが最も重要なステップだと考えています。

あなたの未来がたんなる過去の繰り返しにならないために、未来になにを期待したらいいかについて十分なヒントを与えられたことを願っています。

駆け出しのスピリチュアル

たとえどのように一生懸命取り組もうとしても、どんなに他人に近づこうとしても、どれほど瞑想しても、人に貢献しても、心の状態を変えても、私の人生ではあらゆることが同じままです。これまで、なにも変わっていません。自分の心の内についても外についても、いつも変えようと取り組んでいますが、状況は変わりません。なにがいけないのでしょうか、なぜ行き詰まっているのでしょうか。

——ダニー、五十歳、アテネ

あなたは思慮の浅い、悪い実例で苦しんでいます。もし私があなたに夕食を用意してくれるように頼んだら、あなたは台所に入って、食品庫を開け、部屋中に食品を撒いたりするでしょうか。これが、今あなたが実際にやっていることです。あなたはまるで、次から次へと違う食物に飛び回っている、パニック状態の鳥のようです。あなたの手紙の調子は、ヒステリー状態にあるメロドラマです。

あなたは優柔不断で思い悩んでいるようですが、一方で、疲れ切ってはいるが、なんとかうまくやっている、魅力的な人物だろうと思われます。

私のアドバイスは、鏡の前に立つこと、そして本気になるときを決めることです。そうすれば、その瞬間に助けがやってきて、あなたの生活が変化することでしょう。

あなたが経験していることは、ほとんど絶えざる変化ですが、残念ながらあなたは時間を無駄に費やしています。より大きな力が幸運にも存在するなら、その大きな力は、迷える子羊をも同じように気にかけてくれることでしょう。

私の夢はなにを意味していますか

私はなんの意味もない夢も見ますが、たびたびメッセージのある夢を見ます。これらの夢は、近い将来起こることと関係しているようです。私が長男について夢を見るときは、たいてい彼に対する警告です。長男はそれによって何度か救われました。十二月に、私は同じ日に四人の人が死ぬ夢を見ました。実際、その週の終わりに、四人の建設労働者がビルから落ちて死んだというニュースがありました。私が特別な能力を持っているとは言いたくありませんが、心の底では、なにかが起こりつつあるのではと感じています。すべては私の頭の問題なのでしょうか。それとも、これには特別な意味があるのでしょうか。

——カーラ、三十五歳、フロリダ州タンパ

なにかが起こりつつあることは認めますが、それに意味を見つけることはなかなか容易なことではありません。他の人たちが経験したことのないものを、彼らに信じさせるのはとても難しいことです。夢には、メッセージを伝えてきた長い歴史があります。少なくとも夢には意味があり、神秘的であると考えられてきました。しかし、現在の趨勢《すうせい》は、別の方向に変わっています。神経科学者たちは、夢とはでたらめの、歪曲《わいきょく》された脳の働きをあらわしているにすぎないとする傾向にあります。

もし夢があなたにとって意味があるなら、それで十分ではありませんか。ときに夢は創造力を刺激する働きをしますし、ときには自分の現在の感情の状態や未来の疑わしい物事についてコメントします。その性質上、夢は個人的なものであり、一般的な予期はできません。

あなたの夢は、警告の要素を含んでいます。未来のできごと――通常は、よくないできごとを見たり感じたりしています。いったいなぜでしょう。それは、それ自体が妄想とか風変わりとか呼ばれるにもかかわらず、あなたが心の微妙な部分にチャンネルを開いたからです。おそらくあなたは、直観や自己洞察の領域に到達することを自分自身に許したのです。そのことに満足してください。あなたにくらべて少ししかチャンネルが開いていない何百万もの人々が、心の微妙なレベルを密封し、直感や自己洞察にアクセスしていません。

夢の実際的な活用については、あなたが受け入れられると考えれば、活用できるものとなります。あなたは、息子さんだけでなく、もっと多くの人たちを助けられるかもしれません。そうではなく、個人的な経験を積んでいくだけかもしれません。あらゆる可能性をシャットアウトしないでください。あなたの心の導きに任せ、心に従って次の段階へと進んでください。

一度に一つのレベル

長年ヒーリングの旅を続けてきて、私は、今ではますますスピリチュアルになっています。そして、この旅によって、完全で正しいと感じさせる物事のほうにより波長が合うようになっています。

しかし、私の人生には内縁の夫がいます。彼は、私を疑いや否定的な闇に引き戻し続けます。自分たちの関係をどのように理解すべきなのか、困惑しています。私たちは二人の娘を育てていますが、内縁の夫と親密な関係だとは感じていません。でも、道徳的な責任のために現状にとどまり続けています。

私たちには、いつも注意を払っていなくてはならない二人の娘がいて、私は、彼とは関係なく自身の内的な平和を達成できると信じようと努めています。彼は、外からみれば、私たちは標準的な家庭のように見えるだろうと考えています。

彼はまた、自分のイメージをとても気にしています。もし別れたりしたら、ひどいショックを受けるでしょう。私は不満足な関係にとどまりながら、私自身の個人的な旅を続けていくべきなのでしょうか。

——グローリア、三十一歳、オンタリオ州

あなたのジレンマには、二つのレベルが入り混じっています。それが現在の混乱の源になっています。二つを分けてみましょう。そして少しでも明快になるよう考えてみましょう。

まず、第一のレベルについて。あなたは、あまり親密な関係でない、物事を変えたくない男性と住んでいます。これは自尊心の問題です。あなたは自分を愛らしく、価値があると感じていますか。もし本当にそう思っているなら、間違った根拠に基づいて彼と住んだりしなかったでしょう。現実には、関係がうまく行かないことを知っていたはずなのに、普通の関係がつくれるふりをしたのです。しかし、これは、あなたが明日にでも出て行くべきだという意味ではありません。あなたは、まず自分自身を見つめ、なぜあなたが、愛されない、価値がない、恥ずかしい、犠牲にされ、ひどい扱いを受けてもしかたがないと思い込んでいるのか、その理由を見つけ出すべきです。

私は、これらすべての言葉を考えるように言っているのではなく、ただあなたが、自分の動機の根底にたどり着く必要があると言っているのです。彼の動機については疑問の余地はありません。彼は、あなたを自分の思うままにし続けていたいのです。

あなたは、道徳について話したり、若い娘たちを引き合いに出したりして、自分がかかっている罠を正当化しています。不幸せな環境で子供たちを育てることが、どうして道徳的なのでしょうか。もしあなたが、もう少し深く自分の心を見つめれば、あなたをそこに留めているのが不安や恐れであることがわかるでしょう。これらは、深刻で個人的な問題ですが、立ち向かうことができるはずです。あなたのケースでも、このことに向き合う必要があると思います。

次に、第二のレベルについて。あなたは精神的に成長する必要があります。あなたの全人生が、あなたにスピリチュアルなメッセージを送っているのです。そのメッセージとは、「あなたは、感情的に自身にふさわしい場所にいない。あなたは遠慮している。あなたの意識は抵抗によって支配されている」です。

ご主人は、たとえ自分本位でたいしたことのない人であっても、一応は大人です。彼の言葉を受け入れましょう。彼には、個人的な成長の旅をするあなたの仲間になるという気持ちはありません。かえって、脅威さえ感じているかもしれません。または、馬鹿げたことだと考えて、うんざりしているだけかもしれません。しかし、彼があなたをサポートしようとしないことは、きっとあなたにもわかるでしょう。

その幻想を片付けてしまえば、あなたは、自分の甘い考え方の背景にたくさんの悲しみや後悔があることに気づくでしょう。それをとても気の毒に思いますが、言わせていただければ、スピリチュアルな道とは、抵抗に立ち向かい、心の強さを見つけることがすべてなのです。さもなければ、この大仕事のすべては、容易に夢の国の戯れとなってしまいます。

与えられた困難な環境のなかで、多少なりともあなたが自分の魂の源に支えられていると感じているることを嬉しく思います。しかし、その魂は、あなたがこのような状態に置かれていることを望んでいません。周囲に拒絶や障害のある状況で、あなたに間違った心の平和に逃げ込んで欲しくないのです。あなたに与えられている内省のポジティブな面は、あなたの人生がもっとよくなり得るということです。

まず、このジレンマの第一のレベルについて解決することです。そうすれば、第二のレベルは自ずと解決するでしょう。

心の内部に行くこと

正確には、どのようにして自分で「心の内部に行く」のですか。

――マリアン、四十八歳、アトランタ

非常に貴重なご質問をありがとうございます。

「心の内部に行く」意味が正確にわかったとき、個人的な成長についての多くの謎が解けることと思います。

実際には、誰もがすでに心の内部に行っています。もし誰かがあなたに、なにを感じているのか、どういうことを考えているかを訊いたとき、また、あなたが裏口のドアのカギを閉め忘れたかどうか思い出すとき、あなたは自動的にその答えを求めて心の内部に行っているのです。あなたの注意は、そのとき外側の世界にはなく、内部の世界に向いています。

心の内部に行ったとき、あなたはなにを見つけるのでしょうか。そこは、思考、感情、感覚、記憶、希望、望み、夢、恐れなどがたえまなく流れつづけている、豊かな世界です。その世界の魅力には誰も抗えません。私たちは、そこで自分自身と、想像可能なすべてを体験します。あらゆる楽しい経験もあれば、つらい経験もあるでしょう。

これがスピリチュアルな成長の出発点です。なぜなら、つらい考えや記憶、予感、罪悪感によって、苦しみが心の内側に集められたことを知っている人間は、抜け出す方法を欲しがるからです。

心の内側に行って、苦しみを経験しないことは可能でしょうか。たとえ幸せを感じていて、あなたの一日がうまくいっていても、悪いことがやってくる可能性は否定できません。そのため、思考のレベルでは、苦しみの解決策は存在しないのです。誰もつらい考えをコントロールできません。

あらゆる偉大なスピリチュアルガイドが、静寂が支配している別のレベルが心のなかに存在していると教えているのは、このことなのです。あなたがこの静寂を経験することで、あなたの心は変わりはじめるでしょう。恐れや罪悪感、その他さまざまな心の内部の苦しみに支配されるかわりに、静かで安定した状態に心が満たされます。ここから、ウェルビーイングの感覚や安全感が花開くのです。

あなたがこの道にとどまり、内的な静寂を得るなら、安らぎと、次いで喜びや、幸福感があらわれてきます。これこそが、本当の自己が明らかになるということです。そしてこれが、「心の内側に行くこと」の完全な意味なのです。

教師と指導者（ガイド）

誰かが、人生における目的を見つけたいという問題を抱えているとき、別の人物（おそらくスピリチュアルな教師）が、その人物のために、それを見つけてあげることができるのでしょうか。

——イレーネ、三十四歳、イスタンブール

あなたの質問は、スピリチュアルな問題にせよ、愛とか成功のような望みについてにせよ、あらゆる探求者が考えていることです。多くの人にとって、探求のプロセスは、よき指導者を見つけることで進展します。私は、「あなたの指導者を盲目に信じたりしないように気をつけなさい」という警告を聞いたことがありませんが、スピリチュアルな探求をしていて、そういう状態になった人の話はたびたび耳にします。

私がこういった話をするのは、あなたが心からスピリチュアルな教師を望んでいるのか、あるいはその対極で、カウンセラーやガイドに強く影響されるのを恐れているのか、どちらかわからないからです。

誰も、あなたが与えたくないと思っているものをあなたから奪うことはできません。権威を手に入れ、スピリチュアリティだけでなく、人生のあらゆる分野をコントロールしたがる「教師」は、星の数ほどいます。それを許さないよう、あなたは注意しなければなりません。最善の予防策は用心深くあることです。自分が何者であり、なにを探求しているのかをいつも意識すること。教師、指導者、ガイドたちを喜ばせるために、ここにいるのではありません。あなたは、自分の最も深いところにある個人的な目標を達成するためにここにいるのです。

あなたの質問が、なぜ簡単な答えにならないのでしょうか。そう、あなたのガイドは、あなた自身の自己という感覚や人生の目的への道を指し示すことはできるでしょうが、あなた自身の探索に取って代わることはできないからです。街であなたが車を運転しているとき、標識は行く道を教えてくれますが、ハンドルを操作できるのはあなただけです。

私たちはどこからやって来たのですか

私は戸惑っています。もし私たちすべてが同じ源からやって来たのなら、どこで個性が働きはじめるのでしょうか。私は、私たち全員が神からやってきていると信じています。私たちは、人間という人生を生きている神だ、と。しかし、もし私たちが全員同じ魂の源を持つなら、私個人の生活はどのような意味を持っているのでしょうか。

――ヘレン、三十一歳、インディアナ州

一言でいうと、あなたは非常に抽象的な難問に惹きつけられていて、それがあなたに不安を感じさせています。あなたの目的は、おそらく最終的で絶対的な解答を見つけることではないのでしょう。

もしあなたが、神様から次のようなメールを受け取ったとします。

「私はあらゆるものを含んでいる。創造のすべては、個人が無限の英知を内包し、それを表現するのと同じように、個人を通して表現される」

これを受け取って、あなたはすぐに安心できますか。できないでしょう。

ここでの問題は、人がどこでその個性を得るかではなく、あなたがあなた自身をどのように感じているかということです。あなた自身に関するなにかが、あなたを深く悩ませています。あなたの手紙は、その不安感がなんなのかの手がかりを与えてはくれません。

大部分の人は、鏡をのぞいては自分の気に入らない部分に気づきます。それはたんに肉体的なことだけではありません。あなたの年齢くらいになると、自分の欠点のリストはかなり長くなっていることでしょう。一般的には、自分に大きな要求を持ち、その大きな要求が期待はずれになる年齢でもあります。

このような意識は、あなたが劣っていることを示すものではありません。あなたが成熟しつつあり、自分を現実的に見るようになっていることを意味しています。

青年期を通り過ぎて、自分が完全でないことを知ると、現実を受け入れることができるようになります。これは、災難でも、精神的な重荷でもありませんし、避けるべきものでもありません。たしかに、最終的に現実と向き合うことは、人生の大きな冒険のように感じられるでしょう。しかし、成熟の彼方《かなた》には、神秘の中心へと導く展望や道があります。あなたがそれらを探求されることをおすすめします。

あなたがおっしゃるように、おそらく神様は私たちすべてをつくったのでしょう。でも、そのときはクッキーの抜き型を使う必要はなかったでしょうね。

変化を学ぶこと

あなたはどうやって変わるのですか。私は五十九歳にもなって、どうやって新しい方法を学び、新しい目で見て、青年時代の流動性を持って成長し続けられのでしょうか。どんなふうに、日々好奇心と驚きを持ち続けたらよいのでしょうか。私はおそらく、どこかで道を間違えたのでしょうが……。

――バーバラ、五十九歳、オレゴン州

あなたの考え方は、もしかすると周囲の人たちから吸収してきたものではないか、そしてそれがあなたの主な障害になっているのではないか、と案じています。

その考え方とは、青年時代は変化と柔軟性に富んだ時代だった、というものです。それは本当でしょうか。実際には、青年時代は人生で最も不安定であり、若者たちは、成熟した人生の選択がまったくできずにいます。彼らはつまずき、それを糧《かて》としようとし、自己を見出そうと悩んでいます。

また、自分たちが中年になれば、もはや希望はなくなってしまうと思い込んでいます。

あなたは、人生の一番よい時代がすでに通り過ぎてしまったと考えているのではないでしょうか。

再生と新鮮さの代わりに、倦怠感に陥ったり情熱を失ったりしないための日々の闘いがあると考えているのではないでしょうか。しかし、実際には中年になってあなたは自分が何者であるかを知り、自己を持つようになり、到達したのです。

あなたのジレンマに対する答えは、あなたが固執している考え方や古い条件付けを、もう一度検証する必要がある、ということです。そうした狭い考え方に縛られていない人たちと話をしてください。それには少し勇気が要ると思いますが。

たしかに、悲観的な殻に閉じこもっていれば安全でしょう。しかし、周りを見渡してみれば、なにかに熱中していて、洗練されており、どんなチャレンジにも用意万端で、明日を待ち望んでいる中年の人たちがいることに気づくことでしょう。彼らとともにいることです。そして、彼らが人生について信じているものがどういったものなのかに注意を払いしましょう。そうすれば、あなたに変化がやってくるにちがいありません。

異なる宗教

私は、一九九三年に仏教に改宗しました。私の家族はクリスチャンです。彼らは、死後、天国で私は家族と一緒にはいられないだろうと繰り返し言っています。私は、どう答えてよいのかわからず、ただ微笑んでうなずくだけです。彼らは、いつも私のために祈りを捧げています。罪悪感を抱かずにいられないこの状況に対して、いったい私はなにができるのでしょうか。

——ミラ、五十七歳、ニューヨーク

あなたのお手紙から察するに、あなたのご家族は非常に古風で、親密な絆で結ばれているようです。できれば、あなたもそれを喜んであげてください。親密な絆をつくりあげるのは、多くの人々にとってとても難しいのです。

しかし、あらゆるよいことは、あまりよくない他の事柄と絡みあっています。古風な社会では、宗教が、自分が誰であるかを教えるのです。あなたが一つの家族で、どんな民族で、どんな文化を持っていて、どんな人種か、どんな教養を持つべきかといったことは、すべて宗教が教えます。

あなたの状況にも、こうした彼らの認識用のタグがつけられていることでしょう。あなたの手紙は、皮膚の色の違う男性や、違う民族の男性と結婚しようとしていて、それに家族が仰天しているという女性からの手紙とあまり変わりません。伝統は、人々をアイデンティティにしがみつかせようとします。彼らにとって変化は敵なのです。

五十七歳になったのですから、あなたは、彼らの考え方を理解し、自分の気持ちを切り替えることが必要です。あなたがご家族を懐柔するには、少し遅すぎます。一般的には、人は、こういった悩みは若い人に予想するものでしょう。

あなたは、ご家族に複雑なシグナルを送っているのではありませんか。あなたは、自分自身が、かつて家族が受け入れてくれていた姿のままで変わらずにいると、家族に信じさせようとしています。しかし、キリスト教と仏教はまったく違っており、それも目立った違いです。

あなたはおそらく、家族の抵抗を変えることはできないでしょうが、クリスチャンと仏教徒、この両方を演じることはやめられます。家族に、自分は仏教徒であることが幸せで、安心なのだと示してください。批判は正しくないし、歓迎もしないとはっきりさせましょう。

次にまた同じことが起こったら、家を出ることです。あなたの深い信仰には立ち入り禁止であるというメッセージを彼らが理解するまで、その行動を続けましょう。それ以外に残った部分は、彼らが受け入れ可能なあなたです。

神様は男性？

私はこれまで、しばしば「彼」と男性名詞で呼ばれる「神」と闘ってきました。私が、この性的な偏見をどのようにしたら受け入れられるか、提案していただけますでしょうか。それとも私は、性別のない、もっと中性的な神への道を探すべきなのでしょうか。

――ドリア、三十六歳、フィラデルフィア

ユダヤ教とキリスト教には、男性としての神の概念が深く染み込んでいます。このことで多くの人が、神とは「雲の上の玉座に座っている、長くて白いあごひげをもった威厳のある老人」としてイメージしています。これがあなたをいらいらさせ、脅かし、不公平感を刺激し、また、すべてを含むはずの普遍的な神を、男性というかたちで制約しすぎているという印象をあなたに与えているのかもしれません。

東洋においては、信仰者は、個人的な神と普遍的な神の両方を求める傾向にあります。崇《あが》めるための対象を持っているのは人間だけであると信じて、さまざまな神像や神殿を持った個人的な神々が崇拝され、祈られています。

その一方で、彼らは、神の本質は無限であり、制約や境界を超えていることも理解しています。これら二つの神についての見解が、矛盾せずに共存しているのです。

こうした話はあなたの役に立つでしょうか。もし役に立たないようなら、私の最善のアドバイスは、そのジレンマをあなたのスピリチュアルな成長の一部として利用するべきだということです。

実際にあなたを悩ませている問題の根底に到達し、それを他の人と一緒に探求するのです。読書をし、そして成長することです。

最後に一つ、警告があります。ただ一つの問題だけをあなたの悩みの種にしないようにしてください。神に出す手紙の宛名を、Mr.にすべきかMs.にすべきかなどという問題よりも、もっとたくさんのスピリチュアルな道があるのですから。

孤独な探求者

私は何年間も神を求め続けています。また、人生の大部分で抗うつ病の薬を使用しています。以前は神の存在を感じていました。その感覚は私に畏敬の念を抱かせるものでしたが、いつしか消え去ってしまいました。私はホスピスの看護婦として働いています。だからこそ、私は、人々に慰めを与えている神についての概念を知ることができています。ですが、もはや私は偉大なる意識や、神と呼ばれているものにつながることができません。私は、死後の生が存在しないことや、科学のほうをはるかに信じています。そのことに、とても寂しさを感じます。それなのに、なぜ祈るのでしょうか。私が祈るときは、ただ私自身と話しているように感じるだけです。

私は、希望を抱くことができるような、神の別の概念を見つけたいと願っています。無神論者にはなにも望みません。正しいとか間違っているとかの解答がないことはわかっています。しかし、「天国の父」がいなくても、人生の意味を見つける別の方法があるのではないでしょうか。

——コーラ、五十二歳、ニューメキシコ州

私はあなたの手紙を長々と引用しました。それは、多くの読者があなたに共感し、彼らも自分たちの状況を同じ言葉で表現するだろうと思ったからです。新しい教会や神社を見つけようとするよりも、これまでの教会や神社を出て行くほうがはるかに簡単ですが、新しい扉などどこにもありません。ただ行動があるだけです。従来の宗教は、「既製品である」という利点を持っています。もしあなたが祈り、戒律に従い、神学の教義を信じ、わき道へそれなければ、あなたは自分自身の道を構築する必要はありません。

あなたは既成の道を乗り越えたのです。たとえ孤独を感じていても、あなたがたどり着いた場所について、自分自身に誇りを持つべきです。あなたは行き止まりにもいませんし、信仰の終わりにもいません。そこはたんに、中間の駅にすぎません。一度あなたが歩くことを思い出せば、たくさんのやり方が目の前に広がるでしょう。なぜなら、あなたは死に直面している人たちのそばで仕事をしているために、普通の人が考えるのを避けている、生と死についての大きな問題に日々直面しているからです。

あなたにとって、死は価値のないテーマではありません。あなたの人生の多くは、生と死の関係を整理することに関わっています。それを重荷にするかわりに、強みにしていくことです。真の神とは誰かを見出す動機を与えられていることに、ぜひ感謝してください。

当面の問題として、あなたにとって最善のことは、まずあなたの孤独感を解決することだろうと私は考えます。たとえあなたが大きな都市に住んでいなくても、近くにきっと、あなたが望む言葉であなたを歓迎してくれる、スピリチュアルなグループが存在すると確信しています。あなたは新しい答えを求めて苦しんでいる探求者だからです。あなたの助けになるだろう彼らも同じです。同じ考えを持っている人を見つけ、彼らからのサポートや友情を経験してください。あなたは生まれながらの「ヘルパー」です。どこかに所属したい、慰められたいと望んでいるあなたの部分を慈しみ、充足させることによって、あなた自身を助ける時期なのです。そうすれば、「天国の父」はしかるべきコースをたどってやってくるでしょう。

私が自分を病気にしたのでしょうか

私は三十八歳で、この二月に乳がんと診断されました。それ以来、心と体の関係についての本をたくさん読みました。今はもう治療が終わっているのに、ある疑念から逃れることができません。ネガティブであるとか、それ以外の思考パターンによって私自身ががんを引き起こしたということがあり得ますか。ある本で、乳がんは自分自身の要求を無視して他人を育てることから起こるという説明を読みました。それは本当でしょうか。私は、そう考えることに罪悪感を抱いています。

——ヤスミン、三十九歳、カリフォルニア州サンタモニカ

心身医学で不満に思うことの一つは、とても多くの、おそらく大多数の患者が、「どうして私はこの病気になったのか」ということに気持ちを集中させすぎることです。罪の意識が治そうとする気持ちに置き換わってしまっているのです。付きまとって離れない疑念は、治す気持ちを妨げます。この不安が強迫観念に変わっていくにつれて、それが他の多くの不安をも巻き込んでいきます。そのなかで最も大きなものは、再発の恐れです。

このように、体の回復を助けるはずだった心が、逆に恐怖や心配、恐れの住み家になってしまうのです。

では、この悪循環からどうやって抜け出すのか。この苦しみを招かないために、なにが心の助けになるのでしょうか。

まずあなたが気づかなければならないのは、あなたが、自分の心を責めることによって自分自身を二重に拘束していることです。

あなたの心をあなたの両親として想像してみてください。両親に対して「私を最初に傷つけたのはあなたなのだから、私を愛してくれなくてはいけない」と言うことが正しいですか。そうではありませんね。愛と精神的な傷、非難と治癒を混ぜ合わせたら、正反対のものはお互いに争ってしまいます。つまり、あなたが感じ、表現していることは、心のなかの葛藤なのです。

心の葛藤と向き合いましょう。問題は、「私自身が、自分を乳がんにしたのか」ではありません。「私自身の心の内側の闘いに、私はなにができるのか」です。

安心してください。「がんになる性格」が存在することを示す研究はありません。個人の感情的な特徴と、病気の高いリスクとのあいだにはつながりがあるという仮説はありますが、絶対にがんになると宣告されるようなつながりは、まずありません。遺伝子との関連も、そう単純にはできていません。乳がんと一対一の相関関係にあるものは、なにも認められてないのです。

では、問題に向き合って、心身医学のプラス面を考えてください。心身医学は非常に広い分野であり、それが提供しているのは、健康増進への一つの手段です。私たちが心身医学を暮らしに取り入れるのはすばらしいことです。自分の状況を研究し、できる限り現実的に、次のリストから二つを選んで、健康増進に導くと思われるものを決めてください。

・より少ない外的ストレス
・がんを克服した人たちがつくる支援グループ
・不安やうつ状態の治療
・最新の心身の研究についてより深く理解すること
・スピリチュアルな探求と成長
・医学的なことの再確認
・日常の雑事を手伝ってくれるヘルパー
・より働きやすい仕事の条件
・あなたの心を静めるための瞑想
・ふれあい、肉体的に楽になること（マッサージ、ボディーワークなど）
・パートナーと感情的に強く結ばれること
・予防と生活スタイルの変更

あなたの敵は、孤立と寂しさであり、それがもたらす無力感です。この提案のリストは、どれも孤独感や無力感と立ち向かうための助けになります。心の内側から自分を観察し、最も必要なものがなにか評価するのはあなたの仕事です。
残念ながら、現代医学は人間味のないものです。昔は、医療は私たちの大部分を支えてくれるものでしたが、現代では、自身の健康状態をつくり出すのは、それぞれの患者の責任にかかっています。あなたのはじめたこの旅を応援しています。あなたが経験している暗い時間は、癒すことができるのです。

平和ですが幸せではない

心の平和と幸せとは同じですか。私は幸せであるとは言えませんが、ずっと続くように思える心の平和を感じています。もし私が、ホームレスになったり、寒さで凍えそうになったりすると、この心の平和は消えてしまうのでしょうか。もし私が宝くじに当たったりしたら、この心の平和は消えてしまうのでしょうか。おそらく私は、どんな厳しい環境におかれても、この心の平和とつながっていられる方法を見つけたいのだと思います。

——ジェームズ、四十八歳、アイルランド

あなたは本当の平和を経験してはいません。停滞状態に巻き込まれているだけです。大部分の人が「憂鬱」と呼んでいる状態を、あなたは「平和」と呼んでいます。残念なことに、たくさんの人が、ホームレスになることや病気になることよりずっといいという理由で、憂鬱であることに感謝しています。しかし、たとえ穴に隠れていることが安全であっても、それは真の幸福ではありません。

幸福は、心理学における最新の研究テーマです。おそらくあなたは、そのテーマに直面しているのではないでしょうか。いわゆる「前向きな心理学」の一部門は、幸福はつかの間のものであり、あっという間に過ぎ去ってしまうという意見を繰り返しています。外的な状況は、私たちが幸せと感じるか悲しいと感じるかの一因を担っています。

また、「感情的なセットポイント」ということもあります。つまり、ある人は前もって陽気な見かたをするようにセットされ、別の人は陰気な見かたをするようにセットされているという理論です。しかし、研究によれば、ある人物を幸せにし、悲しくするものがなんであれ、個人の選択がそのもっとも大きな要因になるのです。これは、あなたの平和な状態が、過去に行った選択の結果であることを示しています。私たちは誰しも、深く染み込んだ信念を現実と混同し、頑固な習慣を避けられないと思い込むことがさも当然であるかのように考えています。

至福とか恍惚感といった新しいレベルの幸福をもたらす、別の選択もあります。この種の幸福はあなたの本当の自己の一部であり、それは深く、かつ永続的なものです。これは、誰もあなたから取り上げることのできない、唯一の幸福です。あなたに開かれたこの選択を追求していけば、現在の、あなたが考える「平和の状態」で我慢するかどうか、決めることができるようになります。もしあなたが、前に進むことを決めたなら、それは開かれた意識への道となるでしょう。それが、幸福と平和を一度に経験する秘訣です。

許しを見つけること

私は、前の配偶者の虐待、家庭放棄、アルコール依存症について、どうすれば、完全に許したという確信を持てるのでしょうか。そのことを、彼と接触することなしに適切に行うことができるでしょうか。私たちは二十年間をともに過ごしました。十五年前の離婚騒動以来、彼とは話していません。

たくさんのスピリチュアルな学びを通して、私は、私たちが共有したよい思い出すべてを喜んで受け入れることを学びました。彼が虐待されていた幼年期に同情を感じています。はたして、それで十分なのでしょうか。私は以前よりは満足ですし、自信に満ちています。しかし、ここでもう少しやるべき仕事があるとも思っています。

―――エレン、五十三歳、バージニア州

あなたは、答えが明らかな質問をしています。「腕がもう傷ついていないかどうか、私はどのように知ればいいですか」と質問されたとしたらどうしますか。痛みが消えれば傷はなくなります。ところが、二つの理由のために、心はそう簡単にはいきません。その二つをあげましょう。

第一に、心には一つ以上の痛みの層があるということです。あなたは今、ご自分が到達した、より深くにある、未練がましく残った痛みを経験しています。その痛みは、あなたのアイデンティティが存在している場所に保管されています。そこでは、過去を思い出したり、持ち続けたりしたくはないのに、なぜか別のあなたが「私はこれを持ち続けなければならない」と言っているのです。

そのような感情に触れるのは面倒なことです。何本もの糸をたぐり寄せながら、完全にこんがらかってしまった糸玉をほどかなければならないからです。集中的な内省と、長期的な心理セラピーが必要ですが、成功の保証はありません。私の経験では、その人の一番奥にあるトラウマは、その人が乗り越えるべき試練となります。こんな表現を使ってしまったことを申し訳なく思います。

しかし、古い精神的な重荷は軽減できると知ってください。あなたはこの十五年間、ご自分の重荷を着実に軽くしてきました。これからも、自己への気づきを深くしていくごとに、あなたのヒーリングのプロセスは続いていくでしょう。

さて、第二に、心は自身に注意を向け続け、欠点を見つけ続けているということです。これはありふれたゲームであり、勝つことのできないゲームでもあります。あなたの手紙からは、ご主人に対する怒りの残滓《ざんし》以上に、自己不信が強く感じられます。あなたは彼のサポートや謝罪を得たいと期待していますね。その考えを手放しなさい。それはけっして起こらないでしょうから。

また、あなたはやり残したなにかがあると感じ、あなた自身がそれを模索する道をふさいでいると感じているようですが、それは自己不信からきている考えです。

ならば、あなたのやり残したこととは、社会的に一人前になって、一人の男性に左右されず、自分自身の生き方で生活することです。あなたを虐待するアルコール依存症の夫と結婚した大きな理由は、あなたが彼を必要としていると信じていたからです。その「必要だ」という気持ちが、心の奥に居残り続けています。そしてあなたは、その気持ちを次の新しい男性へ転嫁できると期待しています。

私のアドバイスは、あなたは本当の自己を見つけるためにもっと努力し、許すことについてはあまり考えないようにするべきだということです。許しは、あなた自身でいることがあなたを満たしたとき、自らあらわれるでしょう。

祝福された魂か、それともピーターパンか

私は自分の人生を楽しんできました。二十二歳のとき以来ずっと、私はいつでも神との深いつながりを感じ、自分が祝福されていると感じてきました。私は、自分が、人間の経験を選び、生きているスピリチュアルな存在だとわかっています。しかし、私のキャリアはとても不安定です。ある仕事に満足しなかったり、別のチャンスがあらわれるとすぐに転職することを繰り返してきました。現在は失業していて、破産寸前です。しかし、心の奥深くでは、すべては完全な状態で展開し、十五年前に離婚していますが、子供たちともうまく行くだろうとわかっています。

私の質問はこうです。私が生活の豊かさを得ようと努力しているのに、なぜいつも、不足した状態ばかり引き寄せているのでしょうか。

――テディー、五十三歳、オハイオ州

あなたの話はつじつまが合っていません。神とのつながりは必ず自己認識を伴いますが、あなたは自分が現在どうしてこんな状態になったのかわからず、困惑しているように見えます。あなたは自分が祝福されていると言っていますが、おそらく、家族にたくさんのストレスを与える生活をし

てきたにもかかわらず、そのことに無頓着だっただけではないでしょうか。私の直感では、これは、自分が欠乏や豊かさを引き寄せるのかどうかという問題ではありません。

私の経験上、転職を落ち着きなく繰り返す男性には、二つのタイプがあります。一つ目のタイプは、新しいチャレンジを愛し、型にはまった行動を嫌い、目を次の視界に向け続け、創造的で好奇心が強い、生き生きとした人たちです。そして二番目のタイプは、責任感や落ち着きがなく、成長することができていない人たちです。彼らは現世のピーターパンであり、少年であったときには魅力的であっても、大人になると歓迎されません。

さて、あなたはどちらのタイプでしょうか。

自分自身を真剣に調べて答えを見つければ、あなたの現在の状況はもっとはっきりするでしょう。もしあなたが創造的で、好奇心が強いタイプなら、自分のビジネスをはじめるといいでしょう。半年や一年で嫌にならないよう、あらかじめはけ口を見つけておくことです。

しかし、もしあなたが二番目のタイプなら、今後も苦しい状態が続くでしょう。おそらく、あなたにできる最善のことは、結局はやめてしまうであろう別の仕事を見つけることだけです。悲しいことですが、五十三歳というのはもうすぐ時間がなくなろうとしている年齢です。そして、それと同じくらい悲しいのは、大人になろうとしないあなたの策略です。

第四章　あなた自身で解決策を見出す

意識は、それ自身が解決へと導くものです。このことを理解できれば、あなたの人生には葛藤がずっと少なくなることでしょう。あらゆる状況で、もしあなたが、自然にしたいことをするように意識に任せるなら、あなたの課題に見合ったもっとも創造的な方法が一瞬で明らかになるでしょう。

では、意識がしたいこととはなんでしょうか。意識は自身を表現したいのです、苗木が太陽の光を求めるように、または子供が成長を求めるように。でも、これは非常に漠然とした答えですね。生き物はつねに自己表現していますが、実際に起こっていることをきちんと確かめるために、それを詳しく見ていかなければいけません。どんな瞬間も、苗木はたくさんのプロセスを細胞レベルで行っていますし、子供の脳の内部では、数百万もの神経経路が成熟しつつあります。

意識とはどんなものなのでしょう。意識は、いくつかの特性に分類できます。これまで私たちは、人々が解答を願ったさまざまな問題、その紆余曲折について学んできました。そうした個人的な問題の背後には、人生がどのように働くかについてのより広い側面が見えてきます。人生とは「行動する意識」ですから、一歩下がって、あなた自身の意識の本質的な資質、本質的な特徴を客観的に調べることが理解を助けてくれます。本章の考察は、最初は少し抽象的かもしれませんが、読み進めていくうちに、そうした意識の特徴を私たちの現在の状況にどう応用すべきかがわかってくるでしょう。

あなたが、意識が自身を表現しようとしていることを認めさえすれば、後は、ただ起こることに従えば十分です。あなたは自分の意識に介入することも、計画することも、操作することも必要ありません。これが意識の一つ目の特徴です。

特性1：意識はそれ自身の内で働く

私は、あるスピリチュアルな指導者に対して発せられた質問をよく覚えています。

「意識の成長とは、私たちが行うなにか、もしくは私たちに起こるなにかということですか」

指導者は間髪を入れず答えました。

「あなたが行っているなにかのように感じるかもしれませんが、それは、あなたに起こっているなにかです。意識は、それ自身の内で展開するものであって、あなたが意識を動かすのではありません。意識があなた自身を動かしています」

このことがどれほど重要なのか理解するために、意識を海のような存在だと考えてみましょう。海は生命を支える巨大な生態系であり、必要とされるあらゆるものをその内部に含んでいます。水、化学物質、食料、酸素、多くの生き物などを包含しています。そして、個々の生き物は自分のやり方で生きています。生きていくうえで珊瑚は魚のことを考えませんし、魚は珊瑚のことを考えません。自然のバランスは、ただそれ自身であることによって成り立っており、自身が求めるものを得て満たされることとそれ自体が、海に住むすべての生き物をお互いに支え合っているのです。海は自給自足しています。

意識も同じです。意識はなにひとつ省くことなく、あなたの生命を調えるのに必要なすべてのものを含んでいます。細胞も思考も手の届く範囲内にあり、感情は意識によって監督されていて、筋肉の反射も同じように監督されています。

こうした特徴には、多くのことが暗示されています。まず、あなたが答えを見つけにわざわざ行かなくてはならない場所など、どこにもない、ということです。意識は包括的なものですから、あらゆる可能性を含んでいます。つまりそれは、あなたが探している解決が、すでに潜在的に存在していることを意味しているのです。自分の意識は信頼に足るものであり、それが利己主義や独善的なものになるのではないかと心配する必要はありません。他の人から来るものであれ、まったく予期しない源からもたらされるものであれ、やってきた答えは同様にあなたの役に立つことでしょう。意識は、それ自身の内で働きながら、あなたの行動とともに答えを見出そうとしています。あなたはすべてとつながっているのです。

特性2：意識は知的なフィードバック・ループを使う

意識がたえず活動していることは容易に理解できるでしょう。私たちの心は、休みなく続く思考や感覚の流れだからです。生きているというのは行動的なもので、行動とは、たえず変化することです。そして、その変化はでたらめに起こるのではありません。

生命を維持するためには目的が必要です。ガゼルを追いかけるチーターは、細胞分裂中のアメーバや、アルファベットの最初の文字を覚えようとしている子供とまったく変わりません。意識は目標を追い求めています。しかし、その目標は変化し、ときに行き詰まることもあるでしょう。チーターは寝なければならないし、アメーバは光を求めなくてはならず、子供は遊ぶ必要があります。生きるための多くの機能のバランスを保つために、あなたの意識は自身と話し合い、行動によく注意して、必要なときには進む方向を変えるのです。

こうした自己監視をあらわす専門用語が、フィードバック・ループです。フィードバック・ループの典型的な例がサーモスタットです。サーモスタットは温度の上下を感知し、調節する装置です。意識の働きに似ていますね。ですがこの例は、生きたフィードバック・ループを説明するのに十分とは言えません。あなたの体を動かしているフィードバック・ループは、数百もの機能を同時に調整しています。しかもそれは、あなたの「内」と「外」両方の変化に反応するのです。それは自動的に動いていますが、あなたの願望や心構えにも注意を払っています。つまり、生きたフィードバック・ループは高い知能を持っているのです。脳、身体、行動、感じ方、思考、感情、心構えなどを知的に監視するために意識が持っている能力は、これまで完全に理解した者がいないほど広範囲な、驚くべき奇跡です。

あなたが行うすべてのことは、意識の能力に依存しています。最善の解決法とは、可能な限り多くの知的なフィードバックを利用することです。

特性3：意識はバランスを求める

たとえ私たちが意識の謎を完全に解明できなくても、その基本となっているものは理解する必要があります。その一つがバランスです。意識は自身を監視し、あなたの意識がどのようなプロセスにもしり込みせず、極端に走らないように、しっかり確認しています。身体におけるこの働きが「ホメオスターシス（恒常性の維持）」として知られる、特有のバランスです。重さによって二つの皿が上がり下がりする機械的な天秤とは違い、肉体は動的なバランスをつねに保っています。すべてが動いていても恒常性は維持されたまま、乱されることはないのです。

自分が妊娠したばかりなのを知らないで、レースのためのトレーニングをしている若い女性ランナーを想像してみましょう。彼女が走るとき、彼女の肺、心拍数、血圧は、栄養や酸素の正しいバランス——身体が安静時に必要とするものとは異なったバランス——を保っています。そして、それと同時に、妊娠に関連したホルモンの変化が自動的にはじまっています。

脳は、走りたいという自発的な面と、赤ん坊を育むという無意識な面の両方をコントロールしています。その女性は、いずれ自分の体に違和感を覚えるようになるでしょう。妊娠という肉体的な兆候に彼女が気づいたとき、彼女は自分を新しい種類のバランスに導く決断をするのです。

生命とは、ランニングしたり、赤ん坊をつくることよりも、ずっと力強いものです。恒常性は、あらゆる瞬間に何百もの機能を調整しています。

こうした例から、私たちは意識の三つの分野を知ることができます。すなわち、自発的、無意識的、自覚的です。言い換えれば、バランスを保つために、あなたは自分がやりたいことを行い、そのために必要なプロセスを自動でこなし、そして、その両方に注意を払うということです。

真に有効な解決とは、この三つのすべての分野にまで手を差し伸べ、それらを安定した状態に保つことです。

特性４：意識は果てしなく独創的である

たとえ、生命が高い知能を持つフィードバック・ループによって機能していることを理解しても、私たちはまだ真の秘密には到達できていません。

フィードバック・ループは進化の必要のないものです。そういう意味で、藍藻類や単細胞のアメーバのような初期の生物形態は、大成功したと言えるでしょう。彼らは進化することなく、とても長い時間を生き続けています。二十億年ものあいだ変わらずに繁殖し続けていることがそれを証明しています。

細胞に含まれているもののどれ一つとして、新しい生物形態があらわれる、すなわち進化する手掛かりを教えてくれるものはありません。ビッグバンの瞬間は、そこから星や銀河の出現を予想できるものはなにひとつありませんでした。その最初の瞬間は、亜原子の粒子からなる胚であり、もっとも原始的な状態にある超高熱の物質の渦にすぎませんでした。物質と反物質の衝突が引き起こすものは、両者の消滅です。宇宙は、生まれ出た瞬間に崩壊するかもしれず、実のところ、そうなるべきだったでしょう。ですが、現実にはそうはなりませんでした。

約十億にひとつくらいの割合で、物質が反物質を上回っていたのです。その小さなアンバランスが目に見える宇宙へとつながり、百十億年後、地球上に生物というＤＮＡを生じさせたのです。

そのとき、意識レベルで、創造に対する無限の渇望が働いていたのではないでしょうか。私たちは、宇宙が生きていて、つねに活動し存在しつづけているという推測について、詳しく論じる必要はないはずです。

個人的な経験のレベルであっても、創造性が人生のあらゆるところで働いているのは明らかです。この世に誕生して以来、あなたの肉体は成長し、発達し続けています。自分に秘められた潜在能力を使って、あなたは読み書きする技術、その他自分の望むいくつもの技術を身につけます。航海技術、綱渡り、ヴァイオリンの演奏などなど。そうしてあなたの脳は、一時間に何十億ビットにも達する外界からのデータの流れに向き合って、リアルタイムでそれを五感に再生しているのです。その流れは、一瞬一瞬独自のもので、けっして一瞬前の流れを正確に複製することはありません。

この新しい経験の洪水のなかでは、あなたは創造的になるほか選択の余地がありません。あなたの細胞は生命を蓄えておけません。細胞は、おそらくたった数秒か数分しか食物や酸素を保ち続けられないでしょう。脳が、わずか七分から十分程度の酸素欠乏によって致命的な損傷をこうむってしまうのは、それが理由です。あらゆる種類の気候、飲食物、標高差、湿度、その他の環境要因に対応していくためには、桁外れの創造性を必要とします。そして、日ごろ私たちが創造的であると考えている、私たちが行う仕事、追い求めている芸術や工芸品、また私たちの思考、感情、願望に対する反応といったものは、とても創造的なレベルに達しているとはいえません。それでも、この驚くべき複雑さのなかにあって、たった一つの要素があらゆるものを貫いて流れているのがわかるでしょう。すなわち、意識は、できる限り創造的であろうとしているのです。

最善の解決法によって、こうした心の渇望が抑制されることなく満たされることでしょう。

特性5：意識は、あらゆる部分を全体の中に吸収する

周りを見渡せば、あなたはすぐに自然界の無限の多様性を見つけられます。あなたの庭から採取したスプーン一杯の土を理解するためには、一人の生物学者の全生涯が必要でしょう。それも一人では不可能で、彼は、昆虫学、微生物学、化学などの専門家に頼らなくてはならないのです。

もしなにかが無限のパーツを含んでいるとしたら、その全体とはどんなものなのでしょうか。全体とは、それぞれのパーツの総和以上のものであるはずがありませんが、一方で無限以上に大きなものは存在しません。

宇宙は、原子、分子、星、銀河の総和以上のものではなく、肉体は、多くて五兆程度の細胞で成り立っています。すべて有限です。

しかしなぜか、意識はそのような論理を受け入れません。

意識の無限性は、無限のパーツの総和よりも大きいのです。この概念は最も抽象的で、同時にきわめて重大なものです。そのため、この概念を意識の特性の最後の項目にもってきてあります。

まず、あなたの頭にある思考について考えてみてください。店に入る客を機械的に記録する回転式ゲートのように、一つひとつの思考をチェックする機械が発明されたとしたらどうでしょう。生まれてから死ぬまで、あなたは恐ろしい数の——たとえば一千万もの思考を現実に刻み続けるとしましょう。でも、可能性として、生涯にどれだけ多くの思考を刻むことができるでしょうか。その数は一千万よりももっとずっと多いはずです。青という色についてだけ考えるかわりに、どの瞬間でも、どんな色についても考えることができます。マーケットでリンゴを買う代わりに、あなたはどんな果物でも買うことができますし、全く買わなくたっていいのです。たとえ実際に、あなたの頭に入ってくる思考が有限であっても、考える可能性は無限です。

意識の無限の可能性が真の現実をつくり上げています。私たちが経験していることは、氷山の一角でさえありません。氷山は固体の物体だからです。意識は、心のあらゆる衝動、出来事のあらゆる配置、これらの出来事がもたらすあらゆる結果を含んでいます。

これに関して宇宙学者は、いわゆる「多次元宇宙」という、私たちが見ることも接触することもできない複数の次元に、数兆個もの別の宇宙が存在する可能性があると唱えはじめました。宇宙学者たちは、現実の状態のことはほとんど考えていません。

現実には、複数の無限が存在し、意識はそれらすべてを包含しています。

この驚くような考えから、一歩距離をおいてみましょう。無限なものに直面しないことにホッとするでしょう。あなたは、無限の食料雑貨店にある、数え切れないほどさまざまな種類のリンゴを望んではいません。マクドナルドのマーケティングが成功している大きな秘密は、本質的にはただ一種類の商品、ハンバーガーだけを売っていることです。それにいくつかの装飾を加えることで、客は「選んでいる」という錯覚を与えられます。この秘密は、世界で最も成功したファーストフード・チェーンをはじめるのに十分なものでした。

さて、快適なままでいるために、私たちは無限から目をそらし、同じように現実からも目をそらしています。ここには、意識の無限性を認めない「現実幻想」が存在します。私たちは誰もが、自分自身を世界の中心であるとみなす、泡のようなものの中で生きています。そこでは幻想がたえず生み出され、それが瞬間瞬間に確認されていくのです。

レストランに座って周りを見渡せば、人々が自分たちの現実幻想をどのように構築するか、簡単に見ることができます。ある人は内向的であり、他の人は外向的です。被害妄想に陥り、自分を守ろうとしている人もいます。別の人は、なにもかもが思いのままになると感じ、開放的な気分でいます。人は、成功者か落伍者か、親密な間柄か赤の他人か、被害者を演じているかやせ我慢をしているか、上司か部下か、指導者か追従者か、といった基本的な要素から境界をつくりあげています。

本当の現実に到達するための有効な解決法を見出すには、自分自身の現実幻想を破壊しなくてはなりません。それを可能にするのは意識そのものです。今取り上げた五つの性質は、現実を取り戻すための第一歩を提供し、あらゆる問題を解決するためのものです。あらゆる問題はつねに現実幻想のレベルで起こり、それらはいつも本当の現実のレベルで解決されます。

幻想を打ち砕く

私たちは今、どのような問題にも対処できる方法を手に入れました。さあ、あなたの内なる意識に自ら語らせましょう。これほどシンプルな方法はありません。自分の高い意識が行おうとすることを妨げなければいいだけです。

この方法を実行するためにも、今までの物の見かたを変えていきましょう。誰もが、ある状況に決まりきった反応で対処することに慣れています。コントロールに頼る人々は状況をコントロールしようとし、競争に慣れた人たちは勝ってナンバーワンになろうとします。向き合うことを嫌う人は、なにもせずに「物事がうまくいく」ことを期待します。

一見すると、この最後の選択肢は私が支持しているように思うかもしれません。でも、種に水をやり、あとはただ傍観していれば、意識が求めるものはなんでも行われると考えるのは間違いです。もちろん、ある意味ではそうともいえます。種はすくすくと育つかもしれません。しかし、種と意識とのあいだには大きな違いがあります。あなたが意識を傍観していることはできないからです。意識をすくすくと成長させるためには、あなた自身も全面的に参加しなくてはならないのです。ひどく受身であったり、なにに対しても冷ややかだったり無関心でいる人でさえ、いったん選択したならば、そこに参加するほかありません。

私はけっして消極的な態度を支持するものではありません。意識のもっとも深いレベルからやってくる解決を求めるとき、やるべきことはたくさんあります。

深い意識を覚醒させる方法

・自分のなかにある隠された決め付けや思い込みをよく観察する。
・あなた自身がつくり出した障害物を取り除く。抗うことをやめる。
・客観的になる。
・自身の感情に責任を持つ。誰かを非難したり、相手に自分の気持ちを投影しない。
・あらゆる方向からやってくる答えを求める。
・解決が今ここにあると信じ、それが開かれるときを待つ。
・新しい発見を求め、好奇心を発揮する。予感や直感に従う。
・急に変わることをいとわない。急速な変化は発見のプロセスの一部。
・自分が、現実という泡のような幻想に住んでいることを受け入れる。他の人がどのように歩んでいるのかという事実に気づく。
・毎日が新しい世界であるように過ごす。実際に世界はいつも新しいのだから。

あなたがこれらのステップを行うまでは、新しい答えを見つける可能性は限られたものでしょう。

現実幻想を破らなければいけないのに、自分の現実幻想を強化し続けているからです。幻想を維持するにはエネルギーを使います。あなたは、自分の境界を守るために用心深くしていなくてはならないし、あなたの意識に訪れるメッセージを検閲し、自分の考えに合っているメッセージのみを受け入れる作業をしなくてはなりません。

要するに、現実幻想とは問題を生み出す要素そのものなのです。それはけっして解決を生み出してはくれません。

このチェックリストを実践するのが難しすぎると思う方には、私が使っている簡単なテクニックをお教えしましょう。

私は、どのような状況にあっても、最初におこる衝動が身に染み付いた無意識から来ているものなのかどうかを精査するまで、いっさい行動しません。そのときの選択肢は、そう多くありません。基本的なリストから選ぶことができますので、以下に確認してみましょう。

・感情的に、私はネガティブな状況では

怒る

心配する

・行動するよう求められるときには、私はいつも
先頭に立って行う
誰かに従う

・もし誰かが私の気に入らないことをしたら、私はいつも
対決する
引き下がる

・大きな課題が与えられたら、私は
グループで行動することを選ぶ
一人で行動することを選ぶ

・自分自身を全体的に見ると、私の生き方は
依存している：他人に大きな決定をさせている。人に好かれたい。難しい決定は先延ばしにする。感じていることを言わなかったり、本当にやりたいことをしないこと

がよくある。

支配している：細かいことにうるさい。自分なりの基準を持っていて、他の人がそれに従うことを望んでいる。完璧主義者だと言われている。他の人に、なにをすべきか指示するのは簡単なことだ。自分が間違ったことをしたときにはいろいろ言い訳するが、他人が間違ったらいつまでも根にもつ。

競争心が強い：いつも勝ち負けを気にしている。自分がトップであるためにひたすら努力する。自分がリーダーで、他人は従者だとみなしている。なにかを成し遂げるのを好み、むしろそうでなければならないと感じている。他人を踏み越えることは簡単なことだが、他人から認められたいとも思う。

どんな状況でも、自分が反射的にどんな反応をするのかを覚えておき、反射的な行動をいったん中断する時間をとります。少し距離を置くことによって、自分の内部や周りの環境に、衝動からくるものとは違った、もっと融通のきく反応があらわれるのです。自分らしくないことをしなさいというのではありません。「開かれた意識」にチャンスを与えるのです。もし開かれた意識にチャンスが与えられなければ、私にできる唯一の反応はこれまでと同じ――怒りや心配、人の上に立つか誰かに従うか、勝っているか負けているか、というところにとどまったままでしょう。人生はいつも新しく、たんなる条件反射で乗り切っていくのは難しいものです。人生が日々新しくなっているなら、あなたの反応も同じように新しくしなくてはなりません。

幻想の七つのレベル

自分自身でつくりあげた唯一無二の現実幻想を壊すことによって、あなたは二つのことを成し遂げます。一つは、「閉じられた意識」から「開かれた意識」へと到達すること。もう一つは、生命のあらゆる面を管理しているフィードバック・ループと融合することです。もちろん、そのプロセスについては、もっと具体的に説明する必要があります。

では、閉じられた意識から起こる問題の七つのレベルと、あなたをより本当の現実に近づける解決法について説明しましょう。

レベル1：恐れ、怒りなどのネガティブな衝動によって生じる問題

基本的な反応は自己防衛です。怒りや恐れは原始的な感覚ですが、それらに発展性はありません。あなたのエネルギーの大部分は、生き残ることに向けられています。このレベルでは、あなたは他

人を攻撃し、非難したいと思うでしょう。そういった状況が起こることにさえ、あなたは苛立《いらだ》ちを感じます。あらゆることが制御不能であるように感じ、他の人が、あなたにもっと圧力をかけたり、直接危害を加えたりすると、あなたは不安や怒りでどんどん萎縮してしまいます。

もしあなたが、無力感、被害者意識、不安、身がすくむような感覚、喪失感、または、自分より強い人からの指導を必要としていると感じるなら、あなたはこのレベルに留まっています。弱さがあなたの反応を支配しているのです。

解決法：ネガティブな反応を感じても、それを信頼してはいけません。恐れや怒りを乗り越えなくてはなりません。そのような原始的なレベルで反応しない人からの指導を求めることです。自分の気持ちが落ち着いて、思考がはっきりしていると感じるまではなにも決めないでおきましょう。急いではいけません。衝動のコントロールがあなたの味方です。

レベル２：エゴによって生じる問題

基本的な反応は自分本位です。「こんなことが起こるはずがない。私はそれを受けるような人間じゃない」とか、「私が望むことは誰もやってくれない」というふうにあなたは考えます。このレベルでは恐れを感じません。誰かのエゴとあなたのエゴが敵対しているので、妨害されて、欲しいものが得られないと感じます。配偶者はあなたの意見に賛成してくれず、上司は、物事のやり方について、あなたとはちがった考えを持っていることでしょう。あなたには目標がわかっており、やる気があるにもかかわらず、成功や達成を得られないのです。

過度に競争心を感じたり、反対意見ばかり持ったり、衝動に駆られたり、反対者に妨害されたり、なにも成功しないとか、負け犬のように感じるならば、あなたはこのレベルに留まっています。「私はどうなんだろう?」という言葉が、あなたの考え方を支配しています。

解決法:あなた自身を他の人と分かち合い、与えなくてはなりません。他の人を、あなたと一緒に注目を浴びる立場に立たせ、業績に対する手柄を共有し、そして、あなたは失敗の責任を取るのです。お金とか地位のような外面的な価値に気持ちを集中するのをやめ、他の人と自分は対等だという感覚を持ってください。あらゆる状況を勝ち負けで判断してはいけません。心の満足を見つけることがあなたの味方です。

レベル3:追従によって生じる問題

基本的な反応は、うまくやるために社会の慣習に従うことです。あなたは周囲と折り合いをつけようとしていて、極力波風を立てたくありません。しかし、周囲からの圧力があなたをひどく揺るがします。自尊心や誠実さ、または美意識や独立心のような、自分の核となる価値観が犠牲にされていると感じています。そのため、「これは私ではない」とか、「みんなが言うことには賛成できない」という考えが生まれてきます。あなたは、守ることのできない約束をしたり、実際以上に能力のあるふりをしたり、周囲にうまく溶け込むために自分を偽ったりして、結果的に苦境に陥るでしょう。

もしあなたが、個性がない、自分に誠実でない、受け身である、いじめられている、強制されている、ごまかされている、空しい……そのように感じるとしたら、あなたはこのレベルに留まっています。味気ない追従があなたの思考を操り、なかば公然の秘密である反抗の衝動を支配しています。

解決法：他の誰かにあなたが与えてきたエネルギーを取りもどすことです。必要のあるときには、あなたの本当の気持ちを伝えましょう。あなたの核となる価値観が侵されそうなときには、その人とのあいだにきちんと線を引くことです。どんな派閥にも属さず、そうした争いには近寄らず、うわさ話などには見向きもしないでいましょう。型にはまった考えや大勢の考えほど、疑ってかかるのです。あなた自身の自尊心を高く評価してください。周囲に迎合しすぎてはいけません。しっかりとした個人として確立することがあなたの味方です。

レベル４：理解されず、評価されないことによって生じる問題

基本的な反応は、あなた自身が孤立していくことです。自分を理解できる人は誰もいないと思いこんで、あなたは内に引きこもり、孤独になり、周りの誰にも支援されません。愛することも、愛されることも難しくなるでしょう。人間関係はぼろぼろで、人と親密になる能力に欠けています。それなのに、その問題について、重要でない、どうでもいいことだと思っているのです。

もしあなたが、孤独で、誰からも見捨てられ、愛されていない、正しい評価を得られていない、どんな関係からも締め出され、疎外され、どこにも寄る辺がない、と感じるなら、あなたはこのレベルに留まっています。「ここには私を気にかけてくれる人は誰もいない」という言葉があなたの考えを支配しています。

解決法：共感力のある、しっかりした大人の仲間を探すことです。あなたが、沈黙や、人とのかかわりを避ける態度や、消極的であることなどによって、自分自身がどのように孤立していったかをよく調べてみましょう。あなたが相手に理解してほしいと思う気持ちと同じだけ、あなたも相手を理解しようとつとめるのです。たとえそれが愛想のよい仮面であっても、人と相対するときに仮面をつけてはいけません。内なる世界を開くことがあなたの味方です。

レベル5：個性的であることによって生じる問題

基本的な反応は、制限のない自己表現です。あなたはできるかぎり最高でありたいと願っています。そしてその衝動が、あなたを芸術、発見、発明、その他の創造力の発露へと導いています。他人があなたの自己愛だと指摘するのは、あなたがインスピレーションと呼んでいるものです。もし生活が毎日新しいなにかをもたらしてくれなければ、あなたは失望し、挫折してしまうでしょう。あなたは誰かに認められたいと渇望しています。

本来は自由であるべきあなたのこうした態度が、他人の要求に応える際に問題を引き起こします。権威があなたの中にぐいぐいと杭を打ち、あなたはそれから自由になりたいと願います。あなたにとって、厳しい規則は、自分にではなく、他の人に対してつくられたものです。

もしあなたが、他人の愚かさや都合などによって自分の創造性が抑えつけられ、息苦しく感じていれば、また、自分は自分らしくある権利を持っているのだから、創造の女神にのみ忠実でいればいいはずだと思っているならば、あなたはこのレベルに留まっています。「私は私でなければならない」という思いが、あなたの考え方を支配しています。あなたは、自分の持つ個性によってのみ、自分は支持されると感じているのです。

解決法：他の創造的な表現に対して関心を持ってください。また、地に足のついた人間関係をつくってください。そうすれば、あなたが現実と触れ合う機会が増えるでしょう。ひらめきを大切にするのはいいことですが、それに夢中になりすぎてはいけません。教えたり与えたりすることにあなたの時間を使い、あなたの才能を他の人たちと分かち合うのです。よき指導者になりましょう。すばらしい業績を成し遂げた偉人についてよく調べ、さらなるインスピレーションを獲得し、謙虚な態度を学ぶのです。うぬぼれはあなたの敵です。あなたの想像力をつねに新しくすることがあなたを助けます。

レベル6：夢想家であることによって生じる問題

基本的な反応は、理想主義です。あなたは強い道徳的な基準を持っていて、自分のことはほとんど考えずに、人類をよりよくするために力を尽くしたいと思っています。しかし、あなたの高尚なビジョンは、ある少数の人々を感激させることはあっても、その他大多数の人からは抵抗されるでしょう。あなたが意図することとはまったく異なり、人々は、あなたに一方的に悪者にされているように感じるのです。あなたは、不正がなく、精神的な平等が標準である、すべての人に暮らしやすい生活を望んでいます。あなたは、善や悪といった定義を超えたところにいます。しかし、多くの人々は今も固定した定義に従っていて、それに立ち向かおうともしないのです。

もし、人生の悲しみによって打ちひしがれ、人間性に失望し、あなたの周囲で起こる問題に押しつぶされ、日々達成すべきビジョンが欠けていることについて途方にくれているなら、あなたはこのレベル（とても高くはありますが）に留まっています。「私は光をもたらすためにここにいる」という思いが、あなたの考えを支配しています。

解決法：寛大になるよう訓練しなくてはなりません。人々を非難するより、むしろ向上させるために道徳的な価値を使うのです。不可能ことを手本にしたり、過去の偉大な賢者や聖者のやり方をまねようとしてはいけません。笑みが浮かぶようなことをしたり、自然の美しさに触れるといった、基本的な楽しみに時間を使いましょう。あなたの完全性が愛されることは、あなたにとって敵です。あなた個人（たとえ誤りがあったとしても）として愛されることこそが、あなたを助けてくれるでしょう。

レベル７：問題のない状態

基本的な反応は、寛大、受容、そして安らぎです。あなたはもはや、自分自身の分裂した考えに悩まされることはありません。あなたにとって現実は、善と悪、光と闇、または「私」と「他人」の対立ではなくなります。あなたは完全な生命を体現し、自由に流れている川のようです。その川の流れはけっして岸にしがみつくことなく、流れるままに任されています。どんなに小さなことであろうとも、人生のあらゆる出来事が神の計画の一部のように、まるで意図されたかのように展開しています。

もしあなたが、自ら創造的であり、この宇宙で完全にくつろいで過ごしていて、変わることなく心安らかで、この世界すべてと一体になっていると感じているなら、あなたはこの問題のない状態に到達しています。「私はすべてである」ということがあなたの考えになるでしょう。もっとも、このレベルでは、すべてとひとつであるという状態があなたにとって自然なあり方になるので、そのような考えを持つ理由もなくなるでしょうが。

本当の自己を見つける

優れた心理学者なら、たとえ人間性を学んだばかりのアマチュアの心理学者でさえ、今あげた七つのリストに同意するでしょう。さらに心理学者たちは、大多数の問題が、ネガティブな動機やエゴが支配している低い意識のレベルで起こることにも同意することと思います。

大部分の人は、生きるために闘っています。そして生活が楽になると、エゴのなかの「自分のことだけ」を考えるという扉が開かれます。これは、スピリチュアリティがどのように進歩しているか知るのを難しくするだけでなく、人の手本になろうとすることも難しくします。スピリチュアリティが機能する順序は、下位から上位へ移っていくのではありません。生きるために闘うことは制約された状態であり、それはあなたの本当の自己、すなわち魂が仮面をかぶせられ、隠されている状態です。

時代は、私たちを人生のうわべから離れるよう導いてくれる、偉大な精神的指導者を必要としています。私たちは、現実が身につけている仮面を信じないように教えられる必要があります。基本的な事実として、誰もが自分自身の現実幻想を信じています。信じるものが幻想であるにもかかわらず、本当の現実は、悲しみや葛藤によって手つかずのまま残されています。知る知らないにかかわらず、私たちは全員この世界に存在していますが、けっして私たちが世界そのものであるわけではありません。

実際的な言い方をすると、スピリチュアリティは上位から下位へと作用していきます。本当の自己があなたの源ですが、あなたがそれから分離されることはありません。ゆえに、あなたには選択肢が与えられています。魂のレベルである本当の自己に近づこうとするか、それから離れるかです。一つは発展を示すものですが、他方はよくても停滞、大部分が破壊的なものです。

進化し続けるためには、進化の兆候を知る必要があります。その兆候が、あなたが本当の自己に近づきつつあることを示してくれます。進化は一つのプロセスであり、いいことも悪いこともあります。進化の兆候を見失う日もあれば、全く進化していないと感じられる日もあるでしょう。誰一人として、紆余《うよ》曲折のあるスピリチュアルな道と無縁ではいられません。

ですが、それにもかかわらず、世界の偉大な教師たちは本当の自己を見出し、本当の自己を生きました。私たちは彼らから、本当の自己の基盤である純粋無垢な意識とはどんなものか、という概要を教えられています。それを念頭においておけば、自身の進化の具合を測るのはずっと容易なことです。

そこには、本当の自己について、最も重要な教えがあります。それについて、もう少し詳しく述べてみましょう。すべてに実用的な意味があります。上位から下位へと働きながら、本当の自己はよりあなた自身に近づこうと努力しているのです。

あなたが本当の自己であるとき

では、以下のリストを見てみましょう。

1　あなたの人生は、独自の目的を持っている

2　その目的は、より豊かに、より深くなりながら、たえず発展している
3　あなたが自分の目的と協調できれば、それで充分である
4　あなたの人生が発展するとともに、意識は限りなく拡大する
5　開かれた意識を通して、願望は完全に実現する
6　あらゆる問題は、意識をその問題より高いレベルにすることで解決する
7　あなたの命は、人間としての運命の一部であり、それは大いなるひとつの意識に到達する

ご覧のように、以上の言葉は、なにひとつとして宗教的な専門用語を使っていません。あなたはすべての項目を、神、魂、または精霊といった言葉で言い換えることができますが、そんな必要はありません。たとえば、「私の人生には独自の目的がある」と言う代わりに、「神は私の人生に独自の目的を与えて下さった」と言うこともできます。たとえ用語を変えても、あらわされる現実は同じものです。あなたの人生のこの場所、この瞬間から、以上の七つの項目を自分のものにしていきましょう。

では、本当の自己の各側面について述べていきます。

1　あなたの人生は、独自の目的を持っている

この世界の誰もが、人生においてなにかしらの目的を追求しています。人間の心は目的志向であり、一日ごとに達成すべき新しい願望をもたらします。養うべき家族、育くむべき人間関係、手に入れるべき品物、力を注がなければならない職業といった短期的な目的は、ほとんど無意識に満たされます。そして、誰かが目的意識を失うと、私たちは、その人が精神的に落ち込んでいるのではないかと心配します。

あなたがその問いを、「あなたの人生には目的がありますか」から「人生には目的がありますか」に変えるまでは、スピリチュアリティを取り入れる必要はありません。

でも、後者の質問はかなりぼんやりしたものですね。その質問は混乱を広げますが、そのギャップは埋めていかなくてはいけません。

世界的な英知の伝承では、人生はつねに目的を持っているとされています。それは様々な方法で語られています。

その人生の目的とは、以下のようなものです。

・あなたが実際に誰であるかを見出すこと
・成長し進化すること
・より高い意識状態に到達すること

・神を体験すること
・悟りを得ること

もしあなたが、これらのうちのどれかひとつでも達成することができれば、あなたはたんに日常の存在要求を満たすだけでなく、あなたのビジョンを達成しているといえるでしょう。より大きなビジョンがあなたと宇宙とのあいだの隔たりをなくします。

もし人生そのものが目的を持っているなら、あなたの存在は宇宙の計画に適《かな》っているということになります。自分の存在が無意味であるという脅威は、あなたを不安や絶望、心をさいなむ孤独へと誘いますが、あなたが創造の裡に自分の居場所を確認できたとき、それらは取り去られます。

2　その目的は、より豊かに、より深くなりながら、たえず発展している

この原理は、現在と未来をつなぐものです。人生の目的を延期することはできません。もし人生の目的が毎日発展するのでなければ、未来は、たんなる古いやり方や行為の繰り返し以上のものにはならないでしょう。

老人が、いい人生だったと振り返り、今までの人生に満足するのは、その人物が長年、多くの課題をうまくこなしてきたからだと心理学者たちは言います。年をとることが虚《むな》しくて、つらいもの

だと思っている老人たちには、反対のことが起こっています。人間関係はうまく行かず、職業も期待はずれ、家族とは疎遠になるといったように。言い換えれば、毎日の積み重ねがはるか先の成果に結びつくのです。

あなたが宇宙の大きな計画の一部であると知ることは、すばらしい救いです。かつてこのことは当然の事実でした。信仰の時代には、人々は神の栄光のために、または魂の救済を達成するために生活していたのです。毎日が、一歩ずつ自分を目標へと近づけてくれていました。

現代では、ビジョンの必要性がなくなったわけではありませんが、深い信仰を持っている人たちを除いて、もはやそのビジョンは与えられていません。

人生の目的がどこからも与えられないなら、私たちはどうすればいいのでしょうか。その答えは、プロセスです。プロセスを生きることにより、あなたは自身の存在のたどり着くべきところを発見するのです。

今このときこそが、あなたが発展し、神を体験し、あなたの意識を広げ、悟りに到達できる唯一のときです。この旅を、ふらふらとうろつきまわるような、行き当たりばったりのものにしてはなりません。

しかし、人生において重大な問題が起こるとき、人は容易に迷い、盲目になってしまいます。突然の喪失体験やつまずきは、人をたやすく動揺させます。しかし、それらはただ邪魔されただけで、破壊されることなどあり得ないと知ること。それによって、前に進み続ける人たちは勇気づけられることでしょう。

3　あなたが自分の目的と協調できれば、それで充分である

この原理は、努力と苦闘について述べたものです。原則として、スピリチュアリティでは努力も苦闘も必要ありません。宇宙の目的には固定された設計図はなく、創造性と知性が創造そのもののなかに組み込まれていくからです。

創造の本質は私たちの外側にはありません。それは私たちのなかへ入り、動き回り、通り抜けていくものです。もしあなたがそのすべての動きと調和できたなら、すべてがうまく進み、安らかでいられるでしょう。逆らうなら、障害がおとずれ、抵抗にあうことでしょう。

いろいろな意味で、この選択はすべての人の人生の「重要なポイント」です。もしあなたが、到達するのに魅力的な理想の一つとしてスピリチュアリティに取り組むなら、あなたの本当の目的はどこか他にあります。

野心に支配されている人にとって、出世以上の現実はありません。不安に支配されている人にとって、彼らが寄せ付けないようにしている恐れ以上の現実はありません。この瞬間におけるあなたの人生は、あなたの目的がどこにあるかをあらわしています。それは、家族、地位、お金、所有物、

職業──どんな目的でもあり得るでしょう。そのどれも悪いものではありませんし、スピリチュアルでないともいえません。問題は、そのような目的が表面的なものであり、精霊、神、宇宙……（あなたが心地よく感じる言葉をなんでも選んでください）の支えもなく、人生のうわべの部分にだけ作用していることなのです。

このことは、あなたの目的をより深い心のレベルに変えるときにのみ、スピリチュアリティが実際的なものになることを意味します。人々に必要なのは、信仰ではなく、人生のより深い目的に依拠することが日々の暮らしに役立つという、はっきりした裏づけなのです。そこからプロセスがはじまります。まずは不安定なところからスタートするでしょう。そこでは、あなたは神や宇宙がサポートしてくれることを望み、願うでしょう。そして、サポートされていると強い確信を得たとき、あなたはスピリチュアルな道の中間にまで来ているのです。最終的には、自分がサポートされていると知っているところにまで到達するでしょう。あなたは、期待から確信へ、さらには、すでに知っているという状態にまでいたることができるのです。それは、それぞれの人生の自然な展開であり、そこへいたる旅はそんなに長い時間はかかりません。あなたの毎日の生活が、希望や願望の遂行感をもたらしてくれますし、そして、その希望や願望が見守られ、理解され、育まれているという確信へと変わっていくからです。

4　あなたの人生が発展するとともに、意識は限りなく拡大する

この原理は、あなたのサポートがどこからやってくるかをあなたに教えています。それは、あなた自身の意識からくるのです。このプロセスが発展し続けるためには、心の内面を成長させなくてはなりません。外側の世界では人生が新しい課題をもたらし、その新しい課題を解決するのに、古い解答はなんの役にも立たないでしょう。今日の問題は今日の答えを必要とします。上昇を続けるはずのあなたの人生が困難にあって堂々巡りしているのは、心のもっとも深いレベルで問題がより難しくなるのを求めているからです。より大きな啓示は、より大きな謎とともにやってくるとあなたが思っているからです。

信仰の時代には、神は喜びや不満をさまざまな方法で示しました。信者はそれぞれに、神が自分たちに好意を示しているかどうかを注意深く確認したことでしょう。病気、貧困、逆境は、神が顔をそむけている証拠でした。豊かさ、幸福、明るい日々は、神の光が輝いていることを示していました。しかし、なにもかもが特別な存在ではなくなって以来、神は不安定で、つかみどころのない存在になってしまったのです。人生になぜ喜びと苦悩の入り混じった状態がやってくるのか、あらゆる種類の理論が説明しようと試みましたが、どの理論にも、あることが欠けていました。それは、人類が宇宙で大事に扱われているという揺るぎのない確信です。

スピリチュアリティは、どのような単一の宗教よりも広範なものです。一方の教義が原罪に取り

組み、他方の教義がカルマに取り組んでいたあいだも、より視野の広い賢者の英知は、神や、その他いかなる外部の力にも関心を向けませんでした。英知は、心の内部、意識に関心を向けてきたのです。

生命はそれ自身に答えが組み込まれているという事実は、なぜイエスが私たちに、今という瞬間を生きるように強調したかの手がかりを与えます。

「だから明日のことを思い煩ってはならない。明日のことは明日思い煩えばよい。その日の苦労はその日だけで十分である」(マタイによる福音書六章三十四節)

イエスは、聞き手が「苦労」という言葉にてこずらないように、苦労はどのように対処されるべきかについて、もう一つの教えを残しています。マタイによる福音書六章二十六節から引用すると、「空の鳥を見なさい。種を蒔くことも刈り入れることもせず、また倉に納めることもしない。それなのにあなたがたの天の父は、これを養ってくださるのである。あなたがたは鳥よりもはるかに優れているではないか」とあります。仏教では、同じ考えをもっと形而上学的に述べています。すなわち、「あらゆる質問は、それ自身に答えがある」です。問題の存在そのものがまさしく、その解決法があることを示唆しているのです。

5　開かれた意識を通して、願望は完全に実現する

この原理は、スピリチュアリティが、他のものより多くの充足感をもたらすことを教えています。スピリチュアルな道は人生の広がりを通して発展し、いったん意識が拡がればあとについてくるものです。スピリチュアルな道の発展と意識の拡大は、そろって起こることなのです。あなたには、より多くの可能性が見えてくるでしょう。恐れは少なくなり、いったん行動すれば成功し、そのようにして成功が成功を生みます。

こういった考えは、従来の宗教信仰にとってはまったく馴染みがなく、むしろ肉欲に関する自制と誘惑の方がずっと知られているでしょう。世俗的な生活とスピリチュアルな生活との対立は、何世紀ものあいだ当たり前のことでした。

すべては、あなたが自分の願望をどのように見るかによって決まります。もしあなたがその願望を、利己的で、間違っていて、または罪深いと考えているなら、神が賛成しないのも当然です。

あなたの身に降りかかることは、神の手によって加えられる懲罰ではありません。正確に言うと、あなた自身が願望達成のためのルートを切断しているのです。心の内部で葛藤を引き起こした結果の願望は、あなたのなかで、願望が現実になって欲しい気持ちと、現実になって欲しくない気持ちを併存させてしまします。人々が、「私は我慢しなければならない」と言うとき、こうした葛藤があらわれています。

神、魂、または宇宙が、この心の葛藤を支持しているという考えは、まったくの誤解です。葛藤はひとりでに大きくなります。あなたが自分の願望と闘っているかぎり、あなたの日々は、闘いに勝とうとする希望と、闘いに負けるあきらめをもたらし続けるでしょう。

しかし、もしスピリチュアリティがあなたの願望を満たすことに関われば、新しいルートが開きます。望むことと、受け取ることのあいだには、はっきりしたつながりがあります。しかし、この考えに多くの人が反対するだろうことはよくわかっています。――「では、悪い願望はどうなのですか。あなたは、悪い願望が存在しないとでも言うのですか」と。

私たちは皆、たとえその願望をどのように呼んだとしても、いい結果をもたらす願望も、挫折や失敗へと導く願望もあることを知っています。あなたがスピリチュアルな原理に従っているとき、モラルは問題になりません。あなたは、なにがよくてなにが悪いかについて、感覚を深めることになるでしょう。

よいこととは、「あなたのスピリチュアルな目的と同調していること」と定義できます。あなたの行動は人生を豊かにし、願望はあなた自身の進化に織り込まれるでしょう。それが起こるとき――この状態は、あなたのプロセスが展開するにつれて、より激しく起こります――願望は道そのものになります。あなたは望むことなしには進化できず、また望みは願望と同じであるため、これこそが唯一道理にかなうのです。人生で最もうまくいく道は、願望によって導かれるのです。

6　あらゆる問題は、意識をその問題より高いレベルにすることで解決する

この原理は私たちに、この本の要点を思い出させてくれます。すなわち、問題の解決法は決して問題のレベルには存在しないということです。

二つのグループが闘っているとき、それぞれのグループは第三者にジャッジを求めるでしょう。偏見がなく公平であることは、闘争的であることや譲歩を拒否することより高い意識レベルだからです。

ある女性が、自分の体型や容姿について悩んでいたとすると、彼女に「あなたは素敵だよ」とか、「どうして外見がそんなに重要なの」と言ってみたところで、彼女の助けにはならないでしょう。この場合の解決法は、彼女が「自分には価値がある」と感じる、別の方法を見つけることです。人を愛し、共感を持ち、思いやりがあるという自分の能力を高く評価していれば、鏡のなかに見る自分を気にしすぎたりはしないでしょう。

心には、スピリチュアルの最高のレベルが存在します。それが超越のレベルです。超越の状態になると、個人的な愛着から解放されます。もはや古い習慣や条件付けに縛られず、目の前の状態に足を踏み入れ、解答を得るために最高レベルの意識を求めることができます。

超越とは、たんに個人的な愛着を手放す以上のものです。実践するためには、いくつかのステップに取り組まなくてはいけません。

まずは、問題から距離を置いて考え、自分はその問題を一つ以上の方法で見ることができると確信すること。自分はもう真実を知っているという主張を捨てましょう。そして、新しい可能性にむけて心を開くのです。答えを見つけようとするときに起こる心の抵抗を取り除きましょう。心の抵抗は、怒り、敵意、ねたみ、頑固さ、または不安感のような形でやってきます。それを終えてからはじめて、望んでいるすべてを明らかにする解答を求めるのです。

それは、あなたが突然の転換や変化――たとえば、最も強硬に反対していた人物が急に理解を示したり、長年の不満が徐々に消えてしまうというような、そういった変化にも気づいている状態になるということです。

超越を可能にするのは盲信ではありません。自分を通して展開する完全な世界観を認めるということです。もし、前述した原理が真実であるという実感を得られないとしたら、あなたのハイヤーセルフは、問題を解決するために魔法のじゅうたんを敷いてくれようとはしないでしょう。でも、もしあなたが、個人的な成長のためのプロセスや意識を広げるための取り組みに打ち込むなら、それまで隠れ、さえぎられていた力が姿をあらわすでしょう。

偉大なドイツの作家ゲーテは、こう述べています。

「大胆であれ。そうすれば、強い力があなたを助けにやってくるだろう」

大胆さは、恐れや不安によってつくり出された境界を踏み越えていく能力です。言い換えれば、自分の限界を越えていく能力ということです。勇気を試す必要はありません。これまで見てきたように、意識を問題より高いレベルに置くことによって問題を解決することは、困難な状況で成功するための、もっとも実践的で自然な方法の一つなのです。

7　あなたの命は、人間としての運命の一部であり、それは大いなるひとつの意識に到達する

この原理は、人生の根源的な調和について私たちに語っています。表面的には、すべてを差異が支配しているように見えます。私たちは、それぞれ独自の個性を持ち、他と違うことを誇りにしています。しかしながら、不和を呼ぶのもまたその差異なのです。

もし「彼ら」が「私たち」と違っていたら、それだけで「彼ら」を遠巻きにしたり、憎しみさえ感じる理由になります。けっして終わらないように見える戦争や暴力的な対立は、相容れない憎しみへと導く、その差異に根ざしています。しかしそうであっても、深いレベルにおいては、スピリチュアリティが、「私たち」と「彼ら」だけでなく、善と悪、光と闇、「私の神」と「あなたの神」といった、正反対の対立を押さえこみます。対立は乗り越えられるのです。

それぞれの違いよりも、もっと深いレベルにある調和を見つけること、それこそがスピリチュアリティの目的です。これは、興味本位で動かされるような消極的な仕事ではありません。

すべてとひとつであることが、意識のもっとも純粋無垢な状態です。著名な物理学者エドウィン・

シュレーディンガーが主張するように、「意識は単数形で、複数形を持たない」のです。あるのはたったひとつの意識であって、私たちは、それぞれ独自の方法でそれを表現しているだけです。私たちの源はそれぞれの内部に存在しています。表面的に自分が他の人とどんなに違って見えようとも、すべての人々の目標はその源に到達することなのです。そうなれば、内なるものも外側にあるものも、分裂はもはや存在しません。すべてとひとつである状態に到達したのです。

以上の表現が、一見、極端に大げさに聞こえるかもしれないことはわかっています。もしあなたが、ローンの問題とか、あなたの十代の娘が誰とデートしているのだろうとか、世界の過激思想の脅威などを心配しているとしたら、すべてとひとつになった意識など、それらの心配とはなんの関連がないように思えるでしょう。しかし、意識と関連のないものなどありません。あらゆるスピリチュアルソリューションは、すべてとひとつである意識から私たちのもとにあらわれるからです。私たちが、インスピレーション、洞察力、創造力、直感、天啓などと呼んでいるものは、この源からのメッセージです。過去には、宗教的な用語がこのひとつの意識についての考え方をほぼ独占していました。神、魂、天の恵みといった言葉がなくては、ひとつの意識について考える手掛かりすらありませんでした。

本書が、それに代わる実用的な解法法なのです。今この瞬間のあなたの人生に、本当の自己を結びつけることが、あなたの人生を生き生きしたものにできる唯一の方法です。宗教的な範疇の外では、あらゆる経験は意識のなかで起きています。

もし人間の心を超越したところに現実が存在するならば、私たちがそれを発見することはけっしてないでしょう。それが私たちの意識に入りこむまで、なにひとつ現実にならないからです。もし神が存在しても、人類との接触がなければ、祈りや信仰に対する基盤となるものはどこにも存在しないのです。

たとえ私たちがもはや信仰のなかに住んでいなくても、神を経験することは可能です。しかしこの場合、神と出会うことは、たとえそれが高貴で畏怖の念を起こさせるような人物であっても、他の人間に会うということではありません。神を経験するとは、より高い意識の全領域、すなわち無限を経験することです。それは可能です。

私は盲目的に信じることを求めていませんし、どこへも神秘的な旅をする必要はありません。唯一必要なのは、人生にもたらされる問題に対して、その答えは本当の自己からはじまる、という世界観を受け入れることです。誰もがそのような困難に直面するのですから、よりよい解決法を発見できるかどうかは、それぞれの人にとって重要な関心事にちがいありません。

もし誰かが、特殊な状況に陥って、あなたに次のように尋ねたらどうでしょう。

「スピリチュアルソリューションとは、どういうものなのでしょうか」

その最善の答えは、こうです。

「探してみてください。きっと見つけることになるはずです」

最も難しい問題に正しい答えが見つかったとき、そこには、あなたとあなた自身との深い出会いがあります。

この本は、そのような出会いを可能にするために書かれたものです。

訳者あとがき

無事にこの本を訳し終えたことを心から感謝するとともに、私のこれまでの人生に起こったあらゆる良いこと、悪いことを含め、今はすべてに感謝することができます。すべては経験であり、プロセスだったことがわかります。

チョプラさんも、「人生で起こるすべてのことには意味があり、良いことも悪いことも偶然はない」と言います。私も、良いことも悪いことも、それがあったからこそ、新しい出会い、学び、経験、発見、気づきを与えられ、それがすべて今の自分につながっていることの意味を、改めてこの年になって感じています。逆説的に言えば、「ピンチはチャンス」と言われるように、苦しんだこと、大変だったことが、その状況を変えたいと必死に努力した結果、よかったこと以上に自分を成長させてくれたように思います。

私はかなり小さい時期から、死を迎えたときに後悔をしない人生を生きたいと思うようになりました。また、いつ死んでもよい気持ちで生きたいとも思いました。もちろんそれが不可能だと思えた時期もありましたが、そのような考え方は、戦争体験や、幼い頃からの両親のひどい痴話げんかに原因があるかもしれません。そして、人は百パーセント死ぬのだという意識がつねにあり、犬死にや愚かな死に方はしたくない、つねに生きることを十二分に味わい、大切にしたいと願ってきました。また、争いもあまりしたくありませんでした。結婚しなければならないなら、1＋1が1とか1・5ではなく、3にも4にもなる関係があるはずだと思っていましたが、当時の日本には、まだそういった考えを共有できる男性はいませんでした。

三人の子供はすでに家庭を持って独立し、主人を亡くして、つくづく結婚後は自分のことを考える余裕がなかったことに気づきました。一人になったのちも、命あるうちは最善を尽くして生きたいと思っても、しばらくはその意欲も気力も湧きませんでした。さまざまなことを試み、一周忌を過ぎたあたりから、少しずつ自分を取り戻してきたと思います。

前年に主人を亡くし、なにか心のよりどころを求めていた私は、アマゾンでチョプラさんの三月に出版される『Spiritual Solutions』という本が、「Ask Deepak」がベースになっていることを知り、これは私の仕事だと確信しました。運よく、たま出版に版権を取っていただき、私が訳すことになりました。

チョプラさんの名前に最初に出会ったのは、私が訳した『エドガー・ケイシーに学ぶ幸せの法則』

（たま出版）の「訳者あとがき」にも書きましたように、平成七年七月七日、『アウト・オン・ア・リム』に出てくるチャネラーのケビン・ライヤーソン氏からセッションを受けたときでした。降りてきたスピリットに、最初に、「しばらくでした」と言われ、また、「私たちはエドガー・ケイシー、ケビン・ライヤーソンたちと、古代エジプト時代の仲間だった」と言われました。そして、私は何回もの前世で、心と体と魂のバランスの大切さを研究しており、今生では、その知識を広めることが役目だと言われたのです。それから、ディーパック・チョプラさん、アンドリュー・ワイルさんなど、ホリスティック医学や代替医療の五人の先駆的なオピニオンリーダーの名前と著書をあげられ、それらの本を読んで一冊の本を書きなさいと言われました。しかし、当時の私は、環境だけでなく、心身の状態もそれができる状態ではありませんでした。あなたならそれができるとは言われたのですが、残念ながらいまだにできておりません。

その後、二〇〇九年に書店でディーパック・チョプラさんの訳本を見つけました。『内なる神とつながる方法』という、渡邊愛子さんが訳された本で、彼女は、ボディ・マインド・スピリットという会社を立ち上げており、日本チョプラ・センターの代表でもありました。早速連絡を取り、セッションを受けたり、チョプラさんの瞑想法でマントラをいただいたりしたのですが、その際、チョプラさんのブログの翻訳を依頼されました。それには、「Ask Deepak」という人生相談の記事が含まれており、それが、チョプラさんが今回『Spiritual Solutions』を書くきっかけとなったようです。

また、チョプラさんは、二〇〇九年十月に来日されましたが、その折にヒューマンフォーラムやセミナーが開かれ、私も直接講演を聴き、お話をうかがうことができました。ケビンに言われたことの真偽のほどは別にしても、気づいてみると、長年私は、カウンセリング、臨床心理学、健康心理学、宗教、エドガー・ケイシーなどの精神世界、気療師、レイキマスター、波動インストラクター、統合医療など、知らないうちに心と体と魂のバランスの大切さについて学び、資格を取ってきたことに気づきます。本書を訳すことによって、私の学んできた知識も役立ち、心と体と魂のバランスの大切さについての知識を広げるお手伝いをすることもできました。そのことを通して、この本を読んでくださった方のお役に立てるならば、それ以上の喜びはありません。

人生の意味——すべてはつながっており、意味のないことはない

私は、魂が永遠に生き続け、この地球上に人間を生きる経験をするために来ているとすれば、いろいろなつらい経験も含め、本当に学びの多い、いい時代を過ごさせていただいたと思っています。戦中戦後の食べるものもない大変な時代も経験し、高度成長期、バブル期……さまざまな時期を経験してきました。今の殺伐とした、自己中心的な情けない日本の状況を見て、なんとかみんながも

っと元気で、心に余裕を持ち、本来の日本人らしい、心を大切にするすばらしい文化を取り戻して欲しいと願っています。

私は、一九四五年七月十七日午前一時半の、沼津の大空襲を経験しています。市の約九十パーセントが破壊されました。ちょうど家族で沼津のおばの家に疎開していたときのことで、避難していた防空壕や出入り口に焼夷弾が落ち、出入り口に置いてあったラジオは焼夷弾の炎で表面が焦げていました。防空壕を出てみると、隣家を除き、一面の焼け野原になっていました。前日まで親しく話していた近所の人が焼死体となり、トタン板を被されていました。死というものに直接触れたのはそのときがはじめてでした。小学校一年のときです。

その焼け焦げがついたラジオが、村で唯一聞くことのできたラジオで、母が自転車で村長さんのお宅に運び、八月十五日、終戦の玉音放送を村中の人が聞きました。私は、大人たちがラジオを聞きながら泣いているのを不思議な気持ちで見ていました。

両親は、私が幼い頃から痴話げんかが絶えず、私は四人きょうだいの一番上として、つねにそのけんかに巻き込まれていました。自分は絶対にこんな生き方はしまいと決心し、小学五年頃には、自分に後ろめたくない生き方をしよう、そしてたんなる妻や母親ではなく、一人の自立した人間になろうと強く思いました。

そのことが、女性が一人しかいなかった早稲田大学の応用物理科で四年間も学ぶ力となり、異性問題にも潔癖でいられた要因だと思います。戦後、法律的には男女同権になっても、一般社会ではけっして同権ではなく、大学へ行く際も、母から、女が大学に行ったら生意気になるだけだとか、嫁の貰い手がなくなると反対されました。結婚費用は自分で稼ぐから学費を出して欲しいと懇願し、どうにか大学へ行かせてもらいました。将来、社会で男性と対等に仕事をしたいという思いが強かったため、男女共学の大学に進学したいと思ったのですが、私立の文系は不良の溜まり場だから駄目だということで、早稲田の理系とともに、東大の文Ⅱを受けました。なぜこうも人は考え方が違うのかを知りたくて、心理学を学びたかったのです。東大は残念ながら二次で落ちてしまいましたが、その後様々な経緯で、心理学や精神性について学ぶことになりました。

結婚して十三年間も姑と暮らすことができたのも、なんとか離婚をしなかったのも、家庭のごたごたがどんなに子供の心を傷つけるか、心底知っていたからです。また、大学時代、誰にも理解されない孤独感を味わい、『アウト・オン・ア・リム』に出会った一九八六年以来、エドガー・ケイシーの世界が真実だと確信したり、様々なスピリチュアルな考えや出会いを体験した際にも、同じように誰にも理解されない孤独感を味わいました。自分の子供にさえ、変な宗教を信じていると馬鹿にされたものです。

しかし私は、特定の宗教の信者になったことはありません。目に見えない大きな存在（サムシング・グレート）は日々感じています。最近では、スピリチュアルな考え方もかなり市民権を得てきましたが、魂は永遠に生き続けており、転生を続けて人間は成長を続けているという話をともにできる人は、ここ何十年ものあいだ、ほとんどいませんでした。その孤独感は大学にいたときと変わりません。クラスメイトから面と向かって、なぜ女がこんなところにいるのか、女は赤ん坊を背負って買い物かごを持っている姿が一番似合っているのに、と言われたこともあります。まるで、スピリチュアルな世界を学ぶための孤独感の予行演習をしていたかのようです。

自分のこれまでの人生を振り返ってみると、大学生活も、研究生活も、結婚生活も、自分の理想とはまったく違ったものでした。私は、高校時代にキュリー夫人伝を読み、夫婦で新しい研究をすることにあこがれました。大学卒業後、理化学研究所に一生勤めるつもりで入所し、やっとスタートラインに着いたと思いましたが、当時は、結婚は二十五歳までにすること、きょうだいは順番に結婚すること、そしてお見合いによって結婚することが不文律となっていました。毎日顔を合わせるたびに、親から、お前が結婚しないと弟や妹の結婚に差し障りがあると責められました。行き遅れた姉がいるのは、見合い結婚のマイナス要因だったのです。

そこで、一生勤めを続けることを条件に見合いをしたのですが、情けないことに、結果として理化学研究所には三ヶ月しか勤められませんでした。出戻りの姉がいることは、見合いの条件のなかでも最悪なものでしたから、弟妹のためにも離婚はできませんでした。

結果的には、自分を殺してみんなの幸せを選んだことは正解だったと思います。肉体的にも精神的にもけして楽な結婚生活ではありませんでしたが、それも修行だったと今は思っており、すべてを乗り越えられたことに感謝しています。今は、命をいただいている限り、毎日を大切に、悔いなく生きて行きたいと願っています。百パーセント死ぬことは決まっており、私などは、もういつ死んでも十分生きさせていただいたのだと思っています。

最後に、この翻訳に際し、十ヶ月近くの間、英語原文の分からない箇所をほぼ毎週のように熱心に教えていただいたシャーリー・シャルマさんに感謝の気持ちを捧げたいと思います。彼の助力なしにこの翻訳の仕事はできませんでした。また、様々な助力やアドバイスをいただいた、たま出版の韮沢潤一郎社長、中村利男専務、そして編集に携わっていただいた吉田冴絵子さんに、この場を借りて心からお礼を申し上げます。

著者紹介

ディーパック・チョプラ

1947年ニューデリーに生まれる。医学博士。

米国内科医大の特別研究員および米国臨床内分泌学会会員、ケロッグ経営学大学院非常勤教授、ギャラップ社上席研究員を務める。1996年、カリフォルニア州にて、西洋の医学と東洋の伝統的な自然のヒーリングを統合させたウェルネスセンター「チョプラ・センター」を創設。ホリスティック医学、ウェルビーイング分野における第一人者であり、著書は60冊を超え、さまざまな言語に翻訳され世界的ベストセラーとなっている。

訳者紹介

木原 禎子（きはら ていこ）

早稲田大学応用物理科卒業後、理化学研究所半導体研究室に入所。研究所に在職中より科学技術情報センターの英語文献抄録の仕事を約20年間続ける。日本コンベンションサービスの仕事なども引き受けたが、娘の記憶障害を機に、治療法を探るために一切の仕事を辞め、カウンセリング、臨床心理学、健康心理学、波動、その他いろいろな考え方、治療法を学び模索した。1986年『アウト・オン・ア・リム』でエドガー・ケイシーに出会う。1995年より日本エドガー・ケイシーセンターの翻訳スタッフ。現在同センターの理事。その他にも『アガスティアの葉』の代行翻訳、『神との対話』のニューズレターの翻訳にも１年余り関わる。

レイキマスター、波動インストラクター、気療師などの資格を取得。訳本に『エドガー・ケイシーに学ぶ幸せの法則』『ダマヌール』（たま出版）がある。

スピリチュアルソリューション

初版第一刷――二〇一三年四月八日

著　者――ディーパック・チョプラ
訳　者――木原禎子
発行者――韮澤潤一郎
発行所――株式会社たま出版
東京都新宿区四谷四－二八－二〇
電話　〇三－五三六九－三〇五一
振替　00130-5-94804
印刷所――株式会社エーヴィスシステムズ
ISBN 978-4-8127-0347-2 C0011